U0584384

篮球教学实践与创新教学探究

钟 莉⊙著

吉林出版集团股份有限公司

图书在版编目（CIP）数据

篮球教学实践与创新教学探究 / 钟莉著. — 长春：
吉林出版集团股份有限公司, 2022.10
ISBN 978-7-5731-2486-9

Ⅰ. ①篮… Ⅱ. ①钟… Ⅲ. ①篮球运动－体育教学－
教学研究－高等学校 Ⅳ. ①G841.2

中国版本图书馆 CIP 数据核字（2022）第 190105 号

篮球教学实践与创新教学探究

著　　者	钟　莉
责任编辑	王　平
封面设计	王晓慧
开　　本	710mm×1000mm　1/16
字　　数	205 千
印　　张	13.25
版　　次	2023 年 3 月第 1 版
印　　次	2023 年 3 月第 1 次印刷

出版发行　吉林出版集团股份有限公司
电　　话　总编办：010-63109269
　　　　　　发行部：010-63109269
印　　刷　北京市兴怀印刷厂

ISBN　978-7-5731-2486-9　　　　　　定价：79.00 元

前　　言

　　21 世纪，篮球运动已在全世界得到了广泛普及和发展，并且从过去单纯的竞技项目转变为集政治影响力、经济生产力、社会亲和力、文化传播力为一体的新型文化载体。作为一项充满激情与创新性的球类运动，篮球运动的价值和独特魅力，吸引了很多热爱这项运动的人们和专业人士。如今，在体育全球化发展的背景下，篮球运动进入了一个新的发展期，其中竞技篮球、大众篮球、校园篮球等的发展态势良好，全社会篮球运动的文化氛围逐渐得以形成。在这样的趋势背景下，篮球教育工作者需要对教学理论不断进行创新，对教学训练不断地研究，才能满足篮球运动深入发展的需要。

　　本书紧紧围绕篮球教学实践与创新教学探究的内容展开，共有七章内容。第一章是篮球运动概述，主要内容包括篮球运动的起源与演进、篮球运动的特点与功能、篮球运动的发展与展望、我国高校篮球联赛发展概况等；第二章是篮球教学与训练研究，主要内容包括篮球教学与训练的基本原理、篮球教学模式分析、篮球教学训练基本原则与方法等；第三章是篮球运动的技术教学与训练，主要内容包括篮球运动技术理论概述、篮球运动一般技术教学与训练、高难技术教学与训练等；第四章是篮球运动的战术教学与训练，主要内容包括篮球运动战术理论概述、篮球运动进攻战术教学与训练、篮球运动防守战术教学与训练等；第五章是篮球运动专项身体素质训练，主要内容包括篮球运动专项力量素质训练、专项速度素质训练、专项耐力素质训练等；第六章是篮球运动智能与心理素质训练，主要内容包括篮球运动智能训练的基本内容和方法、篮球运动专项心理训练、篮球运动比赛心理训练等；第七章是篮球运动创新教学研究，主要内容包括慕课在篮球教学与训练中的运用、多媒体技术在篮球教学与训练中的运用、分层次教学在篮球教学与训练中的运用等。

　　笔者在本书的撰写过程中，查阅了大量资料和文献，借鉴了一些相关的研究成果和实践经验，同时也得到了同事亲朋的鼎力相助，在此深表谢意。虽然在写作中力求完美，但是不足之处仍在所难免，恳请各位专家、读者不吝赐教。

作　者

2022 年 4 月

目录

第一章 篮球运动概述

篮球运动是世界上参与人数最为广泛的运动，同时国际篮球联合会也是世界上成员国最多的单项体育组织之一。为了更好地研究篮球运动，首先就需要对其基本理论进行了解与研究。因此，我们有必要对篮球运动的发展概况进行研究和分析。

第一节 篮球运动的起源与演进

一、篮球运动的起源

篮球运动是在 1891 年由美国人詹姆斯·奈史密斯（James Naismith）发明的。奈史密斯是美国马萨诸塞州斯普林菲尔德市的一所基督教青年会干部训练学校的体育教师。冬季的马萨诸塞州较为寒冷，组织学生在室外上体育课多有不便，于是奈史密斯为了能够继续让学生们保持锻炼，他便将在室外进行的一种有趣的投篮游戏移至室内，当时选用足球作为游戏用球，并将起初摆在地面上的篮筐悬挂于室内场地的两侧距离地面约 10 英尺处，相当于公制单位 3.05 米的墙壁上。游戏规则与在室外投篮一致，还是向篮内投掷，投入篮筐内得 1 分，以哪一方先达到游戏开始前设定的分数为决定胜负的方法。

在固定器材方面，起初使用的是带有底部的篮筐，但由于每次进球后都要爬梯子上上下下将球取出才能再开始比赛，比较麻烦。以后逐步将竹篮改为活底铁篮，即进球后通过篮下的手动装置让篮筐的底打开，使球掉下来。后来干脆将篮筐底部取消改为铁圈下挂网，然后挂在两端墙壁的立柱支架上，篮筐下挂网的目的在于能够让裁判看清球是否入筐。

后来为避免球被投掷到场外，在篮筐后面增加了挡网。以至于有些国家起初把篮球还叫做"笼球"，意为在笼中进行的球类比赛。

人们逐渐把这种游戏称为"奈史密斯球"或"篮球"，后来奈史密斯与同行们通过推敲，最终将这项游戏活动取名为"Basketball"，英文直译为"篮筐球"，简称"篮球"。

通过不断实践可以看出，篮球是一项身体接触非常频繁的、具有较强身体对抗性的运动。为了使对抗变得正常合理，避免运动中发生过多的因不合理对抗而产生的受伤情况，奈史密斯及日后的体育工作者们便开始针对这项运动制定某些限制性的规定。此后在篮球运动的发展过程中，组织者不断地改进比赛方式和规则，从而使篮球运动逐步得到规范和完善，并开始向现代篮球运动过渡。①

1932 年，国际业余篮球联合会成立，后改名为国际篮球联合会②。国际篮球联合会（简称国际篮联）的成立，直到今天共有 213 个国家和地区加入该组织。国际篮联也就成为加盟会员国数量最多的世界体育单项组织之一，其会员国遍布五大洲绝大多数国家和地区。时至当下，篮球已经成为世界各国人民最喜爱的体育运动项目之一。经有关方面统计，世界上已有 5 亿～6 亿人经常参加篮球运动，属于篮球运动人口。

二、篮球运动的发展

（一）篮球运动在世界的发展

1. 篮球运动发展的五大时期

现代篮球运动若以其活动的方法和规则完善的过程为标准，可以将它的发展历程划分为由最初构思到完善建章，到宣传推广，到立项入世，再到创新发展五个阶段过程。

---

① 余丁友. 现代篮球运动教学与训练研究[M]. 北京：冶金工业出版社，2019.
② 国际篮球联合会是一个国际性的篮球运动组织，由世界各国的篮球协会组成，1932 年在瑞士的日内瓦成立，总部设于瑞士尼永。

（1）初试探索期（19世纪90年代至20世纪20年代）。

这一时期，篮球运动表现出以下特点。

1）在初试探索这个过程中无明确细致的游戏规则，没有人数限制、场地设备规模等要求。

2）在实践中根据比赛的需要，逐渐增加或改良了一些场地设备、规则等。例如开始针对场地大小进行了规定；篮筐的位置，也开始挂在高柱上，如图1-1所示。比赛时的动作也进行了规范性的要求等。

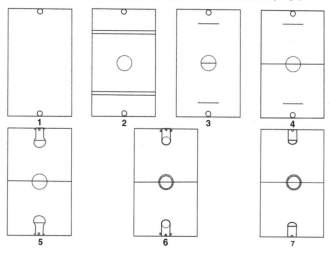

图1-1 篮球运动场地的变化

（2）完善传播期（20世纪30年代至40年代末）。

这一时期，篮球运动主要表现出以下特点。

1）在此时期，篮球运动传播到世界各地，以其自身的魅力被各国人民所喜爱。1932年，国际篮联的前身——国际业余篮球联合会在日内瓦成立。

2）初步遵循了13条比赛规则，明确固定了上场参赛的人数和时间，进一步改良了比赛场地划分区域，标识线的细化；篮球场地材质、设备进一步完善和规范，如图1-2所示。1936年第11届柏林奥运会上，男子篮球被列为正式比赛项目。

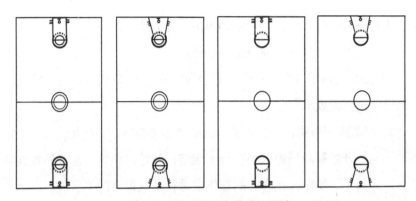

图 1-2　篮球运动完善后的场地

3）进攻与防守的专有技术动作逐渐增多。除此之外。场上开始出现了一些有意识的初级战术配合。技战术内容的加入，掀起了篮球运动的第一次发展高潮。

（3）普及发展期（20 世纪 50 年代至 60 年代）。

这一时期，篮球运动主要表现出以下特点：

1）篮球运动在全球近百个国家和地区得到了广泛普及。各种世界、洲际、地区、国家组织的篮球竞赛如雨后春笋般诞生。其中以世界篮球锦标赛最为受到世界篮球爱好者的关注，这项比赛是世界篮球的最高级别赛事，代表着每个时代的最高篮球水平。篮球运动已经家喻户晓，被每个人所熟知。

2）篮球的技战术在此时期得到了更好的发展，新颖巧妙的战术不断运用到比赛之中，形成了科学的攻防体系；比赛场地、设施及规则进一步完善。

（4）全面提高期（20 世纪 70 年代至 80 年代末）。

这一时期，篮球运动主要表现出以下特点。

1）球员的身高、身体素质、滞空高度和攻守速度明显得到了提高，这种特点逐渐将球员的个人高度、技术和队伍整体打法结合在了一起。身体、意识的对抗日益激烈，高强度、高对抗、高速度、高技巧、高智慧、高比分的对抗开始成为篮球运动新时期发展的新趋势。

2）篮球比赛规则又有过几度修改，增设了进攻方进球后被犯规的追加罚球的规定。第一次罚中即结束罚球，若第一次没有罚中，可有第二次罚球的机会，如果第二罚还不中，则结束罚球。再度调整了（减少了过本方半场的时间）球过本方半场和本方进攻的时间，这些规则的改变更加提高了比赛的攻防转换速度，并且应运而生了更多与之相配的技战术打法和体系。

3）女子篮球被列为第21届蒙特利尔奥运会的正式比赛项目。女子篮球技术逐渐男子化，这掀起了这项运动的第二次发展高潮。篮球运动在全球普及人口增多，篮球竞技方式变化，竞技水平提高。以美国和欧洲为代表的国际强队开始增多。世界篮球的格局形成了多强争霸的局面。

4）20世纪80年代中期篮球竞赛规则对场地进行了再次修改，增设了远投区，因为在远投区投中的球可以计算3分，所以也经常被人们称为"三分线"（如图1-3所示）。不过经常看到的美国男子职业篮球联赛（NBA）的三分线为7.2米，而国际篮联的三分线为6.75米。

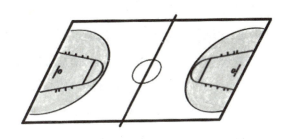

图1-3　篮球场的"三分线"

（5）创新发展期（1990年至今）。

20世纪90年代，世界篮球运动的发展进入了一个全新的发展时期，这一时期，篮球运动主要表现出以下特点：

1）20世纪90年代，国际奥委会取消了职业运动员禁止参加奥运会比赛的禁令，这使得被誉为"梦之队"的，由美国NBA职业联赛球员组成的美国国家篮球队在第 25 届巴塞罗那奥运会上大放异彩。他们打出的富有激情和暴力美学的篮球，向世界展示了最高水平的篮球技艺，博得了人们的眼球，引起了巨大的轰动效应。世界篮球运动由此走向将智谋化、凶悍化、多变化、职业化、产业化融为一体的方向趋势，从而掀起了此项运动的第三次发展高潮。

2）篮球运动的技术动作不断创新，效果更加实用。同时，战术越发复杂，讲求实效，攻防两端的阵形和打法多变。运动员内外攻守区域分位趋向模糊，人员占位更加灵活，人盯人防守方式更加流行，攻防两端高空球争夺更趋凶悍，对篮板球的争夺更加重视。比赛整体的竞技艺术感增强，更显观赏性。

3）篮球全场比赛的时间、入场方式和球权细节进行了新的规定。将比赛改为上、下两个半场，每个半场分为 2 节，每节 10 分钟；实行三人裁判制：主裁 1 名，副裁判 2 名；改争球制为交替球权制等。

2. 篮球运动规则的演变

最初的篮球比赛对上场人数、场地大小和比赛时间均没有严格的限制，这几项规则只要双方参赛人员协调商议通过即可。裁判员鸣哨并将球掷向球场中间即表示比赛开始，双方球员起初被限制站在场地两边端线外，裁判员将球掷出后，双方跑向场内抢球。抢到球的一方持球人可以抱着球跑向篮下投篮（类似于今天橄榄球的玩法），或通过几次传递到达想要的投篮位置投篮，首先达到预定分数者为胜。[①]

根据篮球比赛的实践，奈史密斯在 1892 年制定了 13 条比赛规则用于约束比赛方式，主要规定包括：持球者禁止手抱球连续跑步；禁止有横冲直撞等粗野动作；禁止用拳击球；凡不符合规则的一方将判为犯规，当一方连续 3 次犯规则减掉 1 分；比赛时间被划分为 15 分钟的上、下半场。"13 条"中还对篮球场地大小和上场比赛的人数作了规定，其中要

---

① 余丁友. 现代篮球运动教学与训练研究[M]. 北京：冶金工业出版社，2019.

求上场人数逐渐缩减为每队 10 人、9 人、7 人,直到 1893 年最终确定上
场人数为每队 5 人,从那一年开始,还逐渐形成了近似现代篮球的篮板、
篮圈和篮网。

篮球在世界范围内的发展,主要是由 1904 年在第 3 届奥林匹克运动
会上第一次进行了篮球表演赛为开端。不久后的 1908 年,美国制定了一
种全国统一的篮球规则,并译成多种语言出版发行。由此,篮球运动逐
渐传播到美洲、欧洲和亚洲,最终成为一项世界性运动项目。在 1936
年第 11 届柏林奥运会上,男子篮球被列为正式比赛项目,国际篮联统一
了世界篮球竞赛规则,此后的 10 年间,篮球规则又经过多次修改,开始
与现代篮球规则相接近,一些重要规则变化包括:

(1)将得分后的开球方式改为失分方在后场端线外掷界外球开始;

(2)进攻方必须在 10 秒钟内把球推进到对方半场;

(3)球一旦推进到对方半场后不得再回到本方半场;

(4)进攻队员不得在"限制区"或称"3 秒区"内停留 3 秒钟以上;

(5)投篮队员遭遇犯规后罚球,罚球第一次如果命中将会得分,若
第一罚不中,则有第二次罚球的权利等。从 1952 年的奥运会篮球比赛开
始,场上出现了身高达到两米以上的球员,这样的身高对于篮筐下限制
区的面积产生了影响,国际篮联为此曾两次扩大了"限制区"的面积。
同时还规定了持球方队伍必须在 30 秒钟内完成出手投篮,否则将会被判
为进攻违例从而交出球权。

1977 年增加了每队满 10 次犯规后,在防守犯规时罚球两次,防投
篮时犯规两罚有 1 次不中再加罚 1 次的规定。1981 年又将 10 次犯规后
罚球的规定缩减到 8 次。这些规则的变化都是随着球员身体条件的变化
和技战术的发展所引起的,而规则的改变又促进了球员和技战术的再次
发展,从而形成一种相辅相成的良性发展环境。特别是 20 世纪 50 年代
后期以来,规则的改变对篮球比赛的攻守速度和对运动员的身体素质、

技战术水平等各方面都提出了更新更高的要求，这些规则的演变进一步
推动了世界篮球运动水平的迅速提高。

第二节　篮球运动的特点与功能

　　篮球作为世界上最受瞩目的球类运动项目之一，从它诞生至今始终
受到世界人民的喜爱，在今天人们依旧对篮球运动的热度有增无减。因
此，国际的篮球交往活动日益频繁，区域性的篮球比赛也经常开展，篮
球运动显示出越来越旺盛的生命力和发展潜力，并跻身于世界体坛强项
之林。

　　之所以篮球运动拥有这些吸引人的魅力，主要还在于其本身所蕴
含的特点与价值。本节就对这些特点与功能进行分析，以期为大家更
好地认识篮球运动的本质。

一、篮球运动的特点

（一）篮球运动的集体性

　　篮球运动的比赛形式表现为两队之间的对抗，如果想要获得比赛最
终的胜利，不仅需要队员的个人技术与对抗水平，更需要整体战术的运
用与团队的默契配合。篮球运动的对抗建立在个人对抗的基础上，球队
只有高超的个人技术加上团队的默契配合，才能在激烈的比赛对抗中获
得最终的胜利。因此，篮球运动十分注重集体性，只有进行集体之间的
团结协作，才能实现个人技术的发挥，"积极进取、团结合作、人壮队强"
是对篮球运动集体性要求的准确概括。

（二）篮球运动的对抗性

　　篮球运动的特点还表现为身体的对抗性，攻守之间的高强度对抗是
篮球运动的基本规律与重要特征。篮球的比赛过程不仅表现为无球队员

之间的身体对抗，还表现在持球队员与对方防守队员之间的攻守对抗，还有投篮不中的情况下攻守双方争夺篮板球之间的对抗。这些比赛中的高强度对抗对于运动员的思想作风、技战术水平、身体状况以及心理素质等方面都是严格的考验，只有在这些方面拥有优势，才能够在比赛对抗中获得主动权，并最终帮助球队获得比赛的胜利。[①]

（三）篮球运动的健身性

篮球运动要求跑、跳、投等基本手段以及技战术多方面的综合应用，以生理学的视角看，篮球运动激烈的身体对抗有助于人体生理机能尤其是内脏器官和感官功能的提高。篮球运动对于人体身体素质以及心理素质的提高都有积极的促进作用，体现出明显的健身性特点。

（四）篮球运动的益智性

目前，篮球运动已经体现出技术与智慧的综合较量。在篮球组合多变的比赛过程中，运动员在提高自己的运动水平以及对抗水平的同时，还要不断提高自身的运动知识素养以及技战术的水平，使自己在运动中的创新能力得到提升。可以看出，篮球运动不仅可以强身健体、娱乐身心，同时还具有益智作用，体现出篮球运动的多元化价值。

（五）篮球运动的综合性

篮球运动还体现了综合性的特点，即篮球队员必须熟练掌握跑、跳、投、掷一系列的技术动作，并且在错综复杂、形势瞬息万变的比赛场上进行灵活的运用，从而获得比赛时间以及空间上的优势与主动权。因此，篮球运动无论是在技能、体能还是智能上，都对运动的参与者提出了综合性的要求。由此可见，篮球运动的速度、准确度以及空间的比拼，是建立在运动员的思想作风、身体素质、技术水准、战术水平等多方面发展的基础上，表现出明显的综合性特点。

---

① 杨杨. 新形势下高校篮球运动的教学理论与实践研究[M]. 北京：九州出版社，2018.

（六）篮球运动的商业性

随着职业篮球运动国际性重大赛事的举办，篮球运动得到了进一步的推广与普及。而随着篮球运动的职业化程度不断加深，篮球运动逐渐走向商业化道路。在国内外进行重大篮球比赛时，赛会的组织者会进行赛事的宣传与电视转播，进行转让球员、发行体育彩票等多种形式的商业活动，并且营销体育器械、运动服饰等商业产品，这种浓重的商业化也是篮球运动的特点之一。

二、篮球运动的功能

（一）培养团队精神

篮球运动要求运动员具有团队性，这就有助于培养运动员的集体荣誉感和纪律性，同时也有助于运动员顽强、勇敢、积极拼搏的团队精神的形成。

（二）增强国民体质

篮球运动充满了娱乐性与趣味性，具有广泛的群众基础，尤其受到青少年群体的喜爱。通过群众性篮球运动的开展与举办，能够促进运动参与者速度、力量、耐力等多方面身体素质的提高与发展，同时也能够提升运动者集中注意力以及掌控空间与时间的能力，使运动者保持中枢神经的灵活性以及对身体各个器官的支配能力，能够显著地改善身体多种器官的功能，从而增强国民的体质。

（三）推动社会发展

在全民健身的倡导以及奥运精神的感召下，不管是竞技篮球还是大众篮球运动都表现出很大的吸引力。目前，篮球运动的商业化逐渐深入，对于发展经济、繁荣市场、创造效益的产业化都有积极的推动作用。由于大众篮球运动没有年龄、性别等方面的制约，普通民众都可以参与其中，不仅有利于提高民众的身心健康，而且提高了人们学习和工作的效率。此外，大众篮球还让民众的业余生活更加丰富多彩，这不仅振奋了民族精神，而且推动了社会主义精神文明建设，也在一定程度上促进了社会的发展与进步。

（四）促进国际交流

如今，篮球运动的国际交流不断广泛而深入。不同国家之间不仅引入外籍球员，同时还将本国球员对外输出，这样不仅使球员之间的球技互通有无，而且推动了国际的友好交往，使各国人民增进了彼此之间的了解，同时也加强了国家间的友谊。

第三节　篮球运动的发展与展望

一、向智能化的方向发展

篮球运动强调运动员的智谋，即要求运动员、教练员掌握科学文化，形成个性化的独特篮球智慧，这就是篮球运动的智能化发展。

篮球是体育科学中的一门重要的学科。篮球运动的过程充满着哲理，充满着矛盾和矛盾的相互转化，因此，认识与解决矛盾就要靠知识，靠智慧，有谋略，有方法，善于预测，善于应变。两强相遇，智勇结合者胜。如果说足球运动能体现勇和猛的话，那么篮球运动则更能体现出勇中寓智、猛中显巧。这里，智是基础，勇是手段，有谋有略、智勇双全才能化险为夷，克敌制胜。所以说篮球运动是一项智慧运动，善于打篮球，用头脑打球，用意识打球，用灵感打球，已成为世界优秀运动员的必由之路。只有用头脑、用意识打球才会使自己更充分地显示出独特的运动才华，变得更聪明。张伯伦、约翰逊、乔丹等世界优秀运动员之所以能在不同时期将自己的技艺在激烈复杂的球场上表现得淋漓尽致，不仅在于他们有出众的身体和技术，而且在于他们有文化、有智慧、有个人作战的谋略，使其在任何复杂情况下都能沉着、镇静、应时变化自己既定的设想和方法，而且善于将自己的谋略与高超的技艺结合起来调动对方，在任何困难环境下最终达到预定的目的，使人感到他们用智慧打球，打聪明球，显示出他们的人格魅力和技艺风格。

篮球运动发展到现在，对抗性愈来愈激烈，运动员在比赛中的对抗和碰撞越来越多，运动员需要有胆识、有智慧、有技艺、动脑子、善思考，才能不断超越自我、充实自我，才能提高自己的技能水平。总体来看，篮球运动的智能化发展是不可磨灭的。[①]

二、比赛对抗激烈性加强

进入 21 世纪后，篮球运动攻守对抗日趋激烈，攻防节奏日益加快，在这样的情况下，只有敢于和善于拼斗才能得分，进而取得比赛的胜利，所以自篮球运动立规以来，传统地倡导勇敢进攻，强调大胆投篮，是无可非议的。为此，随着进攻意识的普遍增强，在世界范围内不断围绕强化进攻创新发展了许多进攻理论、技术与战术，并由此不断改变组建球队的人员配置，形成现代篮球比赛智、高、快、准、全、狠、变的普遍特点。随着拼斗性进攻的这一发展走向，必然相辅相成地刺激各国教练员同时考虑到防守的技术、战术创新和提倡拼斗精神，普遍把运动员强悍作风反映在整体与个体防守拼斗能力的提高和控制篮板球拼斗能力强弱上，将其视为衡量整体实力强弱和能否获得全局优势的标志，并对应地变革和创新种种拼斗性防守技术与战术，如提倡运用平步追防，身体主动用力抢位、堵截与积极错位抢断的个人防守技术，防守中不断采用综合防守战术制约对手，从而使现代篮球比赛类似战争中短兵格斗，增强了专项竞技魅力和观赏的文化、教育价值。拼斗性观念的确立，促使国际篮坛一时呈现出呼唤"拼斗、拼斗""防守、防守""篮板球、篮板球"的意识与行动。[②]

---

① 高峰. 现代高校篮球运动及其教学实践分析[M]. 北京：中国纺织出版社，2018.
② 高峰. 现代高校篮球运动及其教学实践分析[M]. 北京：中国纺织出版社，2018.

　　现代篮球比赛防守过程的主动性、凶悍性、力量性和破坏性更日趋激烈，防守的个人技战术与技能及整体配合的创新发展在加速。首先是防守理论观点创新，意识加强，提出了"进攻好能得分赢球，而同时防守好才能获冠军"的防守新观点。为此，为以强壮的体魄、正确的动机、符实的信念和坚韧的毅力、凶悍的作风为基础的个人防守技术与能力的训练更为重视；其次是防守战术阵势综合多变，普遍以抢断球、封盖球和抢篮板球为重点组建杀伤力强的凶悍性防守战术配合，形成控内（控制篮下地面与空间）、堵外（以身体为墙扩大防区），促使无球队员不能随意向篮下和有球区穿插反跑或挡插，以求将其挤离有球区和球篮，切断进攻点、面、线的联系，伺机抢断、追截，对有球队员全力凶悍追击，近身平步扩展地面防守位置区域，积极判断进攻意图，身体主动用力，凶狠封、逼、盖、追，终止其投篮、传球、运球行动方位，破坏其设想中的攻击目的；再次是在重视个人防守能力提高的同时，还普遍十分重视防守策略和防守整体协同配合，最大的变化是由攻转守速度加快，当前场抢篮板球失机后，对获球的进攻者的行动限制意识与干扰行动加强，进入阵地防守时则全力追防对方的核心进攻组织者，并以卡两侧、堵中路打乱其正常落位布阵，逼使其进攻速度减缓，进攻区域外移，一旦局部防守失利、失机，则整体或临近防守收缩，及时调整变化防守阵型，力求每一次防守协同行动都能做到机动性高、破坏性大、杀伤力强。总之，只有具备了出色的对抗能力，才能取得比赛的主动，进而取得比赛的胜利。[①]

　　比赛实践显示，现代篮球精神上的凶悍拼斗意识对于转变传统竞技比赛观念和扎实掌握实战本领更显重要，以此为基础，强化培养训练具有现代篮球对抗意识和掌握拼斗的本领，才能适应现代篮球近身凶悍格斗的发展趋势。正由于进攻拼斗能力提高，所带来的防守拼斗观念与技

---

① 余丁友. 现代篮球运动教学与训练研究[M]. 北京：冶金工业出版社，2019.

战术的变化，使当代化的篮球竞技比赛对抗拼斗更为凶悍激烈，从而形成优秀球星们的"职业修养＋人格魅力＋篮球理念＋攻守意识＋凶悍意志＋体能力量＋技能特艺＋智慧谋略"等多元化的成才体系。为此，重视提高拼斗意识和拼斗意志的教育与训练水平，创新攻守技术、战术手段，将成为教练员思考的新课题。

三、运动员的"高度化"发展

运动员的高度化发展，即重视运动员自然高度和提高制空能力的发展。21 世纪的现代篮球竞技比赛无可非议地将继续是巨人群体展开的大拼搏，要求以身高、体重、强壮、力量和技巧去制空，这是篮球运动竞赛形式本质特征所决定的；不高无优势，已是篮球比赛的客观事实。但高的内涵不仅仅停留在运动员身体形态高度上，而是随着空间争夺的激烈冲撞，要求高大运动员高中有壮（强悍、有体重、有力量），壮中有巧（灵活机敏、有智慧），高、壮、快、巧、准结合为一体，这正是世界优秀高大运动员的特点。由此，高智慧、高形态、高速度、高体能、高强度、高空配合、高比分也成为现代篮球竞技的基本表现形式。

现代篮球运动注重高度化发展，主要体现在以下几个方面。

（1）国内外强队普遍重视球队整体平均身高的增长。世界男子强队平均身高稳定在 2.05 米左右，中锋队员保持在 2.10～2.20 米，超高度的中锋队员达 2.20～2.30 米，全队 2 米以上的队员通常保持 6～8 名；女子队平均身高稳定在 1.90 米左右，中锋队员保持在 1.90～2.00 米，全队 1.90 米以上的队员通常保持在 4～6 名。因而形成得高水平的高中锋即"得天下"的论点被实践认可。

（2）重视运动员制空能力的提高，强化力量和弹跳能力的增长，以使自己的攻守都处于制空的优势状态。因此，随着高大运动员的大量增多，制空能力提高，空间拼斗更为激烈，防守时空间封盖与拼抢、进攻时立体型的空间配合和超高度的不同角度的技巧性扣篮，使现代篮球运动绚丽多彩，充实了现代篮球运动的技术和战术内容。[1]

（3）普遍重视高大运动员综合性、多元化的特殊训练。一方面强化高、壮、快、巧体能素质训练，以适应高空拼斗，扩大立体性空间与地面拼斗的范围；另一方面重视高大运动员力量、弹跳、速度和个人技能与能力个性特点的培养，以提高他们在本队基本战术打法中的适应性和机动应变的需要。

现代篮球运动攻防日趋激烈，要求运动员必须具备快速攻防转换的能力，因此，许多优秀教练员都强调既要重视高大运动员个体技艺特长训练，又要十分重视个体意识和体能全面训练，使他们内外结合，高矮相比无绝对差异，高个子能做小个子的动作，能里能外进行攻防，能快能缓适应战术调整。这一篮球训练思想和观念将在未来得到深入的贯彻与发展。

四、投篮的准确性更高

要想取得篮球比赛的胜利就必须要投篮，并且要提高投篮的准确性，要求运动员以投篮准确展演技艺、拼争胜负依靠准确的意识进一步增强。

投篮的准确性是取得比赛胜利的关键，众多国际大赛高比分的形成就在于投篮的准确性。我国著名书法家欧阳中石为篮球运动诞生一百周年的题词中写道："百载争高下，一球定输赢"。可见作为一位文人对篮球真谛的理解。这1分的胜负包括着无数的准字内容：一是表现为3分球投手多，命中率普遍提高，投距远，投点广；二是攻守转换快，特别是进攻速度加快、次数增多，投篮机会增多，远、中、近都布有强投攻击手；三是十分重视投篮基本功训练，即要求投篮技术方法不单一、能变化，更要求动作扎实、正确和规范，而且要求在训练中对抗条件下投篮的高数量和高质量（据资料显示，世界强队每天要求运动员在对抗条

---

[1] 余丁友. 现代篮球运动教学与训练研究[M]. 北京：冶金工业出版社，2019.

件下进行投篮训练，一般在 6.50 米外区域的不同角度定时定量投进 500～600 个球，这意味着每名运动员一天要投 1000～1500 次，而在投进的 500 个球中的命中率要达到 55%～70%，以此保障在正式比赛中全队整体投篮命中率在 45%～50%，全队场次总得分不少于 90 分）。故世界优秀篮球队都培育出了一批优秀投篮手，他们掌握的投篮技术已达到艺术化的水平，普遍具有在对抗条件下投篮方式多、变化多、机会多、区点多、出手点高、心态稳、投速快、突然性强和命中率指数大的特点。通常情况下，一个篮球运动队拥有的明星球员越多，就标志着这支队伍的整体实力越强。①

现代篮球运动投篮的"准"，还要求掌握个体动作既规范又准确，扩大"准"的全面要求，例如运用技术时机的准确性高，转换技术、战术判断时间的准确性高，特别是外围 3 分球投篮命中率提高。远、中、近多点，多面投篮相呼应，已成为战术变化的基础和转危为安、反败为胜的主要手段。

五、篮球比赛进攻速度进一步加快

现代篮球运动还非常重视进攻的速度，即普遍重视以速度争取时间并把握节奏、控制主动。发展到现在，篮球运动既强调提高整体攻守阶段速度，又强调有节奏地加快攻守转换速度，从而使快攻反击次数增多，快攻得分率提高。特别是普遍重视提高高大队员参与快攻的全面意识和速度，在高速度、高强度中对抗拼搏，在高速度下转换技术与战术，在高速度、高强度对抗中保持较高的投篮命中率，以速度争取主动，以争取时间来控制空间，赢得胜利，这些已是现代篮球比赛对抗的又一特点和趋势。

总之，随着篮球规则不断对进攻时间进行限制，进攻必须提高速

---

① 高峰. 现代高校篮球运动及其教学实践分析[M]. 北京：中国纺织出版社，2018.

度，因而无论进攻与防守的地面制约以及制空高度、制空能力都将继续增长，势必对攻守转换提出更严格的时间要求。对此，世界篮球运动必然会全方位地提高快的意识，革新在快速运动中运用新的技战术的手段与行动要求。例如，美国 NBA 球队和其他世界强队在转入进攻阶段时，通常以 4～6 秒钟的时间将球推至前场，至前场后以 3～5 次过渡性或战术性传球（运球）即捕捉时机投篮结束攻击，总计平均一次攻击约 20 秒钟的时间。据统计，NBA 球赛从在前场的迂回捕捉时机到进攻结束，所耗时间为 10～15 秒钟，而在很多情况下，由后场快速推至前场，乘对方立足未稳之机便准确投篮结束进攻。像这样在高速度下的反复攻击成功，必然造成高强度和高比分的出现。这一趋势也必将在 21 世纪使得比赛规则对进攻时间的限制提出更高的要求，促使运动员更加增强快的意识，提高运用技术和转换技术的速率，强化攻守转换的整体速度，快攻将进一步发展，阵地进攻将进一步精练而有实效，个人投篮强攻能力将进一步提高，比赛也将随之进一步紧张激烈。这一趋势不仅适用于制空属于劣势的球队，而且制空有优势的球队也将更为重视提高速度，使高度与速度结合得更完美，促进当代篮球运动向更高层次攀登。[①]

六、强调运动员的全面素质和能力

现代篮球运动要求在提高运动员全面素质与能力的基础上并有所特长，拥有全面多能性的明星队员成为每个篮球运动队的追求。随着世界篮球运动对抗强度的进一步发展，各国普遍重视运动员个体与球队整体的全面素质、素养和技能能力综合化、多样化的全面提高，具体表现在以下几个方面。

（1）球队成员整体的社会文化氛围浓厚。世界强队的队员都具有较

---

① 杨杨. 新形势下高校篮球运动的教学理论与实践研究[M]. 北京：九州出版社，2018.

全面的文化基础知识,他们对现代篮球运动有较正确而深刻的理性认识,科学知识的熏陶与渗透使他们的思维、想象、观察、判断、决策和对新事物的接受力、承受力大大加强,而且敬业、拼搏、奋进精神突出。

（2）重视体能素质水平的全面提高。特别重视每名运动员制空高度和意识的提高,同时又重视其他专项身体体能,如体重、力量、速度、灵活性、反应力、心理承受力等的提高,尤其是拼抢力量和快速爆发力量的提高,这是衡量其体能训练水平高低与能力强弱的标志,从而使许多特高大运动员达到既高又壮的要求。

（3）掌握与运用全面而具有杀伤力的攻守技术进行比赛对抗意识强。当今世界篮球运动的一个重要发展趋势是运动员重视对抗、敢于对抗、善于对抗,主动争取对抗的意识十分强烈,在普遍重视进攻对抗的同时,十分重视防守中和抢篮板球时的对抗。认为防守是基础,进攻是根本,要求全队攻守平衡,做到攻得准、守得牢。而且要求每名优秀运动员攻守技术全面,做到能攻善防。21世纪以来,国际篮球界更呼吁重视防守,以适应规则的变化,不断呼吁防守、防守,篮板球、篮板球,抢断、抢断,封盖、封盖,以致提出了"进攻能赢一场球,而防守能获冠军"的理念。

（4）全面扎实掌握手、脚、腰、眼的基本功。这是全面型运动员在对抗中运用与应变技术和组合战术的基础,是促使自己不断在实战中提炼创新、变异发展,从而形成自己技术特长绝招和个人技术风格及特殊的技艺,是培养成突出球星的保障。例如.NBA 前公牛队球星乔丹的全面素质、绝伦的球技、独特的跨步仰身时间差的跳起投篮;皮蓬的防守、抢断,有计谋的技巧性的助攻;罗德曼的制空抢篮板球能力;奥尼尔的篮下强攻;马龙的大刀阔斧的攻防和凶悍拼杀;哈达威、坎普的智谋性的转换速度;斯托克顿的场上指挥组织能力等个人特技,被观众誉为一个时期 NBA 不同类型球队的篮球"技师",成为篮球爱好者追崇的球星偶像。20 世纪 50 年代我国优秀运动员钱澄海的助攻传球、杨伯镛的跳接晃身交叉步突破左手跳投和底线上篮,以及 70 年代中国女篮队员宋晓波的巧打、丛学娣的 3 分远投;20 世纪 90 年代至 21 世纪初期中国男篮队员孙军的全面技术、胡卫东的 3 分球和刘玉栋的中投与强攻,以及姚明、王治郅、巴特尔的篮下攻防,都具有技艺化的水准,形成本队进攻战术的主要攻击核心。

所以,全面素质、全面技术的提高和拥有球星数量的多少与质量层次的高低,是球队实力对比的标志,而培养全面的球星和具有特殊技艺的球星,已成为现代篮球运动制胜的必需。俗话说"千军易得,一将难求",其内涵道理也在于此。

七、技战术的多样化发展

现代篮球运动还非常重视技战术的多样化发展,即要求战术阵势机动化、应变多样化、攻守配合实效化。在篮球比赛中,战术的选择与组织都强调针对性,力求扬长避短,与本队和对手实际以及世界篮球发展趋势和攻守过程中的时间观念、空间意识结合,普遍重视一个"快"字,突出一个"精"字,立足一个"变"字,达到一个"准"字,即在最短的时间、最快的速度下变化、组合最强的战斗力,取得最佳的效果。因此,世界高水平球队的比赛布阵落位迅速,阵势不一,都力求在对手防守阵势尚未成形之时展开全面攻击,并在攻击时随机应变。由此,攻守转换进一步加快,变化进一步莫测,加之由于世界强队普遍重视对防守杀伤力的研究和技战术的创新发展,防守区域较前扩大,防守变化中的攻击性和破坏性普遍提高,促使世界强队革新过去传统的机械性战术分位组织的整体套路模式的打法,强调在运动中伺机变化,在局部区域采用以两三个人参与为主体的机动配合。如个人伺机突破、投篮,或两个人之间的掩护、策应投篮,以及三个人之间的挡插三角进攻配合等;防守战术则向以人为主的集约性、综合性的凶悍而破坏力强的整体型方式发展。据世界大赛的统计，实力相当的男子队每场比赛各队进攻次数平均在 120 次左右，其中 60%左右是个人变化攻击和运用两三个人变换配合结束攻击，得分占全队总得分的 60%～65%，罚球得分占 20%～25%，其他快攻和整体型的阵地配合得分占 15%～20%；而我国甲 A 职业联赛的现状也与世界篮球运动现状发展的趋势相似，其中八一队更为明显。由于个人战术变化攻击能力提高，得分能力加强，两三个人之间的战术组织既机动又简便快速，便于应变，因此攻击的威胁性强，成功率高。《宋史·岳飞传》中有"阵而后战，兵法之常，运用之妙，存乎一心"之言，可见攻守过程无阵不战，然而运用阵势要无套化，要善于变化，有明确的针对性，要有利于发扬整体和运动员个人特长。[①]

美国 NBA 公牛队前教练员菲尔·杰克逊的布阵独到之处，就在于他能巧妙地把队员个体与整体阵型、局部与全局进行综合构思，力求攻守战术组织有层次，并成体系、求平衡。例如，进攻时公牛队通常以"1—2—2"或"2—2—1"阵势落位后，五人移动跑位，最终形成由乔丹、皮蓬、罗德曼三点为支点的三角进攻法，并随着形势的变化而形成乔丹与其他点的另一种三角进攻配合；防守时公牛队通常运用被人称为"五人太极形"的布阵，轮换紧迫对方主攻手，严密限制对手整体行动方位，力拼前后场篮板球，从而使对方的球星无可奈何，导致其全队进攻部署在公牛队的防守体系面前解体，从而保障公牛王朝的业绩。

总之，现代篮球技战术越来越趋于多样化发展，要将技战术配合与全队统一起来进行。在战术指导思想上既不能忽视传统的整体行动，又要更重视个体和两三人的作战组合，战术配合力求简练、快速、机动、多变、杀伤力强。传统固定套路和队员固定分位的战术配合也将相对模糊，对运动员将要求技术更全面、战术意识更聪慧。

① 余丁友. 现代篮球运动教学与训练研究[M]. 北京：冶金工业出版社，2019.

八、重视教练员的培养和发展

教练员对一个篮球运动队的发展来说是至关重要的，现代篮球运动一个重要的发展趋势就是高度重视教练员的培养与发展。每个篮球队都希望能聘用把握篮球运动发展规律、有个性篮球理念和管理、训练风格特点的智谋型教练员做统帅。

大量的实践经验表明："帅乏智，卒不悍，战必溃。"因此，组军先择帅，练兵先育帅，有强帅才能无弱兵。篮球竞赛不是战争却又极似战争，是一种无硝烟的立体型"战争"。比赛的胜败也是球队综合实力的反映，既反映运动员的智能结构、技能能力、体能条件与水平，又反映教练员的智慧、谋略、综合专业层次和才能水平。为此，世界各国篮球界都十分重视寻求和选聘具有篮球专项个性人格魅力、独特的现代篮球理论造诣和组织训练、管理与指挥才华的教练员任职。然而"千军易得，名帅难求"，这不仅反映在我国当今高水平篮球队伍的实践中，而且反映在世界篮球强国行列的球队中，都深感理想的教练员匮乏，特别是缺乏具有篮球职业个性气质、风度、修养，有现代科技智慧、谋略，形成自己独特篮球理念、哲理和理论体系的执教之道，有实战指挥的谋略才华乃至特殊魅力的教练员。高智慧、高修养、高素质、高水平的教练员，不仅直接影响球队的组建和凝聚、战术风格的形成和发展，而且特别是在比赛的攻坚战危急时刻，统帅者大智大勇、胸有成竹、镇静自若的风度威慑神态能够产生鼓舞士气、调整全队心态的效应，而比赛中及时地运用计谋、变换阵法、调整阵容，更能起到化险为夷、转败为胜、力挽狂澜的作用。这既反映教练员智勇双全的专业才干，又充分显示他自身良好的专业人格个性修养。可见现代篮球竞赛既是运动员场上的较量对抗，又是教练员日常训练、管理和比赛场上综合智慧、才干的搏斗。例如，美国 NBA 职业队集中了美国最优秀的教练员，形成了一个强大的篮球智星群体，他们各具个性特点和风范，各有自己的篮球理念、理论观点和实践经历与经验，像美国著名的篮球教练员博比·奈特，曾被公认为美国最佳教练员，更具有自己独特的篮球哲学思想和实践才华；在俄罗斯，著名教练员老、少戈麦尔斯基，也可谓一个时期世界级篮球统帅中的明星。而20世纪90年代以来，在 NBA 职业赛中最具影响力的教练员之一——菲尔·杰克逊，由于他用智慧、才干、人格魅力去团聚乔丹、皮蓬、罗德曼，以及奥尼尔、科比、马龙等世界超级球星，一个时期在征战 NBA 总决赛中，开创了"公牛王朝"和"湖人时代"。[①]

在现代篮球高速发展的今天，教练员的培养成为全世界一个热议的课题，受到高度重视。优秀球员非常之多，然而优秀教练员可谓难得，尤其是拥有一批聪慧、好学、善思、正身、敬业、自强、无畏、通道，具有个性人格魅力素质、修养和现代科技智商层次较高的教练员、队员，已是一国一地篮球运动兴旺发达和一场关键性比赛胜败的基本保障。强将手下无弱兵，这已是一种共识。

第四节　我国高校篮球联赛发展概况

篮球运动传入我国已有 100 多年的历史，随着时代发展变迁，篮球运动影响了一代又一代人们，校园篮球运动作为竞技篮球运动的发展基础，一开始在少数城市中开展，逐渐普及全国各地，从我国建立邀请外国专家在上海体院招收首批篮球专选学生，到推出以"为梦想而战"为口号的中国大学生篮球联赛（CUBA），校园篮球运动的发展历经坎坷，目前篮球事业蒸蒸日上，培养出以姚明为代表的享誉海内外的篮球明星。

校园篮球运动发展初期，受到当时社会历史条件的限制，篮球运动仅仅是在有限的几个城市得到开展，随着中华人民共和国的建立，篮球

---

① 丛向辉. 高校篮球运动开展研究与教学创新[M]. 北京：中国纺织出版社，2019.

运动在学校中广泛普及。我国运动水平最高的篮球运动员以及执教能力最强的教练员都云集于各大高校之中，随后我国历经特殊的非凡变革时期，竞技体育事业从学校教育中剥离出来逐渐发展成为军事专用工具，校园篮球也独立于教育系统之外。随着社会的发展，篮球运动又回到了校园并得以蓬勃发展。

一、开展大学生篮球联赛的作用

21 世纪以来，NBA 篮球比赛在我国广泛转播，同时国内的大型篮球赛事 CBA、CUBA 等也逐渐兴起，学校中关注和参与篮球运动的人也越来越多，校园篮球文化成为我国校园体育文化的重要组成部分，是校园精神文明建设的重要方面。通过积极开展校内篮球比赛，促进校园篮球文化的发展。

通过积极开展校内篮球比赛，普通大学生积极参与到篮球运动比赛中去，促进身心健康的发展，有助于推动校园篮球文化的建设，对于校园篮球运动的市场化发展具有积极的促进意义。大学校内篮球运动比赛是培养高水平篮球运动员的重要目的，注重展示篮球比赛的教育和健身价值，让更多的学生参与到篮球比赛中去，充分体会篮球运动比赛的快乐，推动校园篮球文化的发展。

积极开展校内篮球比赛，促进篮球教育功能的实现，培养学生拼搏进取、团结协作等方面的品质，促进终身体育意识的培养，适应我国现代体育教学的思想和理念。

二、开展大学生篮球联赛的原因

我国各高校注重体育场地和实施方面的建设，高校内的篮球场地基本能够满足教学、训练和比赛的需求，为开展校内篮球联赛提供了物质和环境基础。在高校中建立篮球俱乐部，吸引学生参与篮球运动比赛，在学校相关体育管理部门的领导下，保证开展篮球运动比赛。

（一）推动篮球俱乐部等组织的发展

在篮球运动比赛过程中，充分发挥篮球俱乐部、篮球社团、篮球协会等的作用，积极开展相应的活动，推动俱乐部、社团、协会等活动活跃程度，促进学校气氛的活跃，促进篮球校园文化的传播和发展。

（二）激发篮球学习兴趣

学生选择篮球作为选修课，主要因为对篮球具有浓厚的兴趣，很多人将篮球作为终身体育项目，开展篮球运动竞赛，激发学生学习篮球课程的积极性和主动性。在篮球比赛中，促进提升篮球运动技能，培养良好的心理素质。

（三）校园篮球文化的必然产物

开展校园篮球运动比赛过程中，吸引更多的学生参与到篮球运动比赛中，在良好的校园篮球文化的影响下，学生会受到篮球文化潜移默化的影响，从而参与到篮球运动之中，篮球运动比赛的开展是篮球运动和篮球文化"吸引—参与—传播—推广"的过程。

三、校园篮球联赛的组织

（一）准备环节

1. 确定组织方案

篮球联赛的组织方案需要根据赛事的性质来确定，组织方案一般包括以下基本内容。

（1）篮球联赛的名称、目的和任务。

（2）篮球联赛的组织机构。主要包括篮球联赛组织形式、设置的职能部门和工作人员数量。一般来说，联赛的组织委员会在确立主要职能部门后，由职能部门选择合适的人才组织管理工作。

（3）篮球联赛的规模。主要依据主办单位、承办单位，参赛人员的数量、场馆的大小和规模等方面来判断。

（4）篮球联赛的经费预算。经费预算是保证篮球联赛正常开展的重要物质基础，主要包括维持篮球联赛活动和篮球联赛管理正常运转所需的篮球运动相关器材设备、场馆维护经费、奖品、医疗、工作人员补贴金等项目的经费预算。[①]

2．成立组织机构

篮球联赛组织机构的形式和规模应根据工作需要进行组建，一般校内篮球联赛组织机构主要包括以下几个部分。

（1）组织委员会。

负责的具体工作内容：掌握篮球竞赛组织方向；研究和批准篮球联赛的工作计划；研究和批准联赛规程；赛前听取筹备工作汇报；篮球比赛后批准大会总结或处理有关的问题。

（2）竞赛处。

篮球竞赛处是联赛中至关重要的组织机构。工作内容主要有如下几方面。

第一，组织篮球赛事报名工作；参与比赛秩序册的编撰工作。

第二，保证比赛场地赛前准备、赛中运行和赛后保养工作以及联赛所需器材的调试、准备工作。

第三，召开竞赛组会议，商讨赛事中出现的各种问题，并提出问题解决的对策和建议。

第四，负责比赛裁判相关工作。制定裁判员守则、安排裁判员执法场次等工作，保证裁判工作的顺利进行。

第五，适时组织参赛队伍代表经验交流、座谈等，以听取参赛队伍对赛事管理的建议。

第六，赛后排列出各队名次，及时更新赛程、赛果。

（3）办公室。

---

① 丛向辉．高校篮球运动开展研究与教学创新[M]．北京：中国纺织出版社，2019．

在篮球竞赛中，办公室将组委会的指示和精神传达到各个职能部门中去，起到指挥和协调的作用。一般来说，办公室的工作职责包括以下内容。

第一，依照组委会的决议，组织配备各部门的工作人员。

第二，拟定工作日程计划。主要内容包括组织委员会会议；动员工作；开幕式和闭幕式；各代表队领队会议；组织学习报告或经验交流；大会总结等项工作，等等。

第三，制定篮球联赛的相关章程与提示、须知等信息通报。

第四，负责对外协调、联络工作。

第五，定期组织各职能部门召开小组会议或集体会议。

第六，参与比赛经费预算与评估等工作。

（4）总务处。

总务处主要负责的工作内容是：参与编撰联赛经费预算；及时召开管理人员的会议，解决生活方面的问题。

（5）宣传处。

宣传处的主要职责是加强赛事的对外宣传，让赛事能让更多的人认识和参与，其工作效果的好坏直接影响到本次赛事给社会或集体带来的影响。一般来说，宣传处的工作内容主要包括以下几点。

第一，组织好大会的宣传报道工作。

第二，做好联赛网站的维护。

第三，调试、管理好新闻媒体所需的信息发布设备，如电话信号、互联网等。

第四，研究制定先进队和先进个人的评选条件和细则。

第五，准备学习材料，组织学习和讨论。

3. 制定竞赛规程

篮球运动竞赛规程是竞赛组织单位组织篮球联赛开展的重要依据，

主要包括:联赛的目的和任务;联赛的名称;主办单位;比赛日期和地点;裁判员事宜;竞赛办法;采用的规则和相关器材;奖励办法事宜等。赛事组织者一定要合理制定篮球竞赛的规程,保证赛事的顺利开展。

4.制订工作计划

(1)完成制订竞赛计划的调查、准备工作,确保制定的竞赛计划符合赛事需要。

(2)依据竞赛方案,按照规定的竞赛日期,各部门根据自己的职责范围拟订具体工作计划。

(3)办公室定期检查各部门准备工作的情况,确保各项工作按进度完成。

(二)联赛管理环节

竞赛管理工作是保证比赛顺利开展的重要方面,在篮球联赛过程中,各方面因素都会对比赛计划产生影响。这就要求相应的管理部门合力处理突发情况,保证比赛顺利开展。具体而言,竞赛管理工作主要有如下几方面。

(1)积极与球队沟通交流,塑造良好的比赛氛围,球员和裁判员能够正确对待比赛。

(2)赛事组织和管理人员积极深入各班级、学院的球队,听取意见和建议,不断改进工作。

(3)确保相应的器材设备满足比赛的需求,保证比赛能够顺利开展。

(4)当遇到突发情况导致比赛不能如期举行时,应协调处理好沟通、安排工作。

(5)对比赛中的突发情况,有相应的应急预案,能够及时处理解决突发情况。

(三)联赛结束环节

篮球竞赛结束后的组织和管理工作是不可缺少的环节之一,主要包括以下内容。

（1）各部门总结联赛开展期间的工作经验和教训。

（2）总结报告和颁发奖品。

（3）组织委员会向上级汇报工作情况，等等。

（4）场地器材的处理。

四、校园篮球联赛的建设

积极开展校园篮球比赛，能够在校园中营造良好的体育氛围，促进其他形式的运动比赛的开展。为了促进校内篮球联赛，不断提升赛事水平，形成更加广泛的影响力。

（一）构建竞赛体系

根据学校的具体情况建立和完善相应的篮球联赛体系，校内篮球联赛包括预赛、决赛、周末明星赛、全明星赛、冠军赛等几个阶段，校内篮球联赛在于积极调动学生参与到篮球比赛之中，队伍多、规模大。由于参赛队伍较多，比赛的周期较长，可以从每年9月一直延续到第二年7月。

赛事的主体是预赛阶段和决赛阶段，可以在周末安排相应的比赛，增强比赛的氛围和趣味性，在周末安排相应的比赛。比赛中场暂停或是比赛前后安排相应的表演节目，吸引更多的学生观看。

在比赛过程中，为了提高比赛的水平，同一院系的球队可以从本院系中被淘汰的球队挑选出球员作为外来支援参加比赛，学生可以对喜爱的球员投票，产生全明星，参加全明星比赛。还可以组织教职工比赛、外部企业比赛等，丰富比赛的体系，促进比赛水平的提高。

（二）选择竞赛办法

赛事主体是预赛和决赛两个阶段，预赛阶段，可由各院系自行组织开展，以班级为单位将相应的比赛场地分配到院系，按年级对球队分组进行单循环比赛，各院系第一名再进行分组单循环比赛，最终产生冠亚军。

全明星比赛时，由学生进行投票选拔，组成全明星比赛队伍，对于冠军赛，由院系的第一名球队、社会球队等组成，进行单循环赛，最终决出冠亚军。周末明星赛则由院系球队的全明星球员组成的球队，在周末进行比赛。

在比赛过程中，对球员人数进行一定的规定，预赛和决赛球员应为12人，如果球员由于受伤而不能参加比赛，可以补齐。全明星赛可适当增加球员人数。

（三）合理安排裁判员

在比赛过程中，裁判发挥着重要的作用，如果裁判技术水平低，会直接影响到比赛的开展，联赛开始后，有的球员会认为裁判判罚不公，并不能让人满意。学校可以安排专门的教师作为裁判员，或者水平较高的学生作为裁判员。

在安排裁判员时，对教师和学生进行培训，促进其执裁水平的提高，在比赛过程中，避免教师和学生执裁自身所在的班级和院系球队，在比赛中要积极对遇到的执裁问题进行总结，促进执裁水平的不断提升。

对于学生来说，自身的执裁技术水平相对较低，需要进行系统的培训，促进水平提升，如果不认同判罚的结果，可以提出上诉，纪律委员会和竞赛处应妥善处理相关问题。[①]

（四）调配球队差距

在比赛过程中，以班级为单位的比赛，球队的实力差距相对不大，以院系为单位的比赛实力差距较大，男生较多的院系整体球队实力强，在比赛过程中，球员的训练和指导是重要方面，缺乏教练的指导是经常面临的问题。

---

① 丛向辉. 高校篮球运动开展研究与教学创新[M]. 北京：中国纺织出版社，2019.

　　针对这一问题，可开设相应的篮球技战术方面的选修课程，学生通过学习了解相关知识，如果学生中有体育院系，可安排体育院系的学生开展相应的技战术指导工作。体育院系的学生技战术水平相对较高，可单独设立比赛体系进行比赛。

（五）正确引导观众

　　在篮球比赛过程中，调动学生积极观看和参与，吸引学校所在社区的居民观看，调动观众的积极性，安排抽奖活动，学校的校领导也可与观众积极展开互动。效仿 NBA 篮球比赛中场活动形式，开展观众投篮活动，加强对观众的管理，确保比赛安全。

　　对于前来观看比赛的校外人员，做好登记工作，提升观众素质，文明观看比赛，在全明星赛和决赛时，观众较多，应确保比赛的安全有序，建立相应的应急预案，维护良好的比赛秩序。

第二章 篮球教学与训练研究

在高校体育教育中，篮球运动已经成为不可或缺的重要教学内容。由此就使得篮球运动教学成为一项在具体、明确的教育目标指导下的，并由教师和学生共同组成的教与学的一种双边活动的教育过程。高校篮球运动教学致力于在教师的指导下的学生学习和掌握篮球运动的基本知识，基本技术和技能，增进健康，增强体质，促进学生身心全面发展的教育过程。可以说，篮球教学是整个体育教学活动系统的重要组成部分。

第一节 篮球教学与训练的基本原理

一、应激原理

所谓应激（Stress），具体是指人体对于外部强负荷刺激会产生一种生理和心理的综合反应。人体应激的产生与"自我保护反应"有关，在训练中，人的运动能力不断获得提高，便是应激原理的应用。

应激是一个复杂的过程，包括生理方面和心理方面的变化，在生理反应方面，其使得个体的唤醒水平提高，在心理方面，则造成了个体焦虑水平的提高。

（一）生理应激

从生理学角度来说，人体应激分为警戒、抵抗和衰竭三个阶段，人体应激的产生与"自我保护反应"有关。

在篮球运动训练中，运动员要达到应激状态需要超量负荷，通过超量负荷的施加，机体对原有负荷的平衡和适应状态被打破，通过应激，人体达到新的负荷水平。在运动训练中，要不断加大运动负荷，利用运动员的应激反应，逐渐形成新的平衡，最终实现运动能力的提高。

（二）心理应激

从心理学角度来说，个人在受到应激源的刺激之后，会产生压力和紧张状态，根据应激源对个体的影响程度可为良性应激（生理性应激）和劣性应激（病理性应激）。

研究表明，心理社会因素可以引起全身性适应综合征，具有应激性，如亲人的病故或意外事故常常是重大的应激源，这种应激源对个体的影响是非常大的，可导致个体的躯体的明显变化。而如中奖、职位提升等可引起良性的应激，促进个体去更积极地完成某项任务。[①]

在篮球运动训练中，通过给予运动员的良性应激源（激励、表扬、重要任务等），可促进运动员更积极地去调动身心完成训练任务。

二、认知原理

（一）认知规律

认知是一个心理学概念，基于心理学对体育教学的有效理论支持与参考，我国对于认知的研究给予了较早的关注，我国曾出版的《体育理论》一书中对体育教学的本质做了界定，指出体育教学过程"是一个从不知到知、从不完全知到完全知的认识过程；也是发展身体、掌握和提高运动技术的过程。"[②]

个体/群体认知表现出一定的规律，具体表现如下。

（1）人的认知能力与生俱来，同时，也是受外部环境、心理等多种因素影响的。

（2）人认识事物的过程是由表及里、由外及内、由浅入深的过程，这个过程不能逆转。

---

① 丛向辉. 高校篮球运动开展研究与教学创新[M]. 北京：中国纺织出版社，2019.
② 体育理论编写组. 体育理论[M]. 北京：人民体育出版社，1963.

（3）个体的认知受年龄因素影响。不同年龄阶段的人的认知特点不同，同一年龄阶段的人可表现出认知统一性，但同时，受环境、年龄、心理等多种因素影响，不同个体的认知具有个体特点。

（二）认知与运动

认知与运动训练密切相关，个体反复从事身体练习，学习巩固提高体育知识、运动技能，是运动员的认知能力和水平不断提高的过程。

对于篮球运动训练来说，把握认知规律对训练实践有重要指导作用。认知对运动员从事篮球运动具有重要的影响，更确切地说，人的认知能力和篮球运动体能、技能发展是相互影响的。

首先，运动员良好的认知能力是篮球技术学练的重要基础，著名心理学家让·皮亚杰（Jean Piaget）认为，不同个体针对问题和事件会提出各种各样的看法，个体差异性可导致个体认知问题的过程的不同。对于运动员来说，一些非智力成分对于提高和发展其智力水平有着非常重要的作用。并进而促进运动员在篮球运动中快速学会技术动作和领会动作要点，顺利完成训练任务，并提高篮球运动水平。

其次，篮球运动有助于提高运动员的认知能力。具体来说，运动员认知能力的提高有赖于大脑的发育，而运动能为运动员的大脑发育提供必备的营养物质、增加大脑血氧供应、发展运动员的思维，对运动员认知能力的提高无疑是促进的。

在篮球运动训练中，教练员和教师应充分结合不同运动员的认知基础、认知发展特点和规律，科学引导运动员学习篮球运动知识、技能，指导运动员参与篮球体能、技能学练。

三、负荷原理

（一）负荷本质

生理学研究表明，机体的生理感受是一切运动的开始，其次是心理活动的产生，最后表达到肌肉，并形成一种反射效应。

运动的生理机理以大脑皮质活动为基础的暂时性神经联系，运动员掌握运动技能、改善和提高身体素质水平的生理本质，就是人体建立运动条件反射的过程。

在篮球运动训练中，运动员在运动训练中承受一定的运动负荷，会产生相应的训练效应，包括竞技能力的变化和运动成绩的取得。运动员要完成各种训练任务，是在一定的技能动作的完成下进行的，技能的反复实施也就促进了运动员的体能素质的不断加强，并伴随着对技能内容和方法的掌握。[1]

（二）负荷与运动

在篮球运动训练中，运动员参与训练，旨在提高身体素质水平、运动水平，这一目的主要是通过运动员在运动训练过程中不断承受和适应训练负荷来实现的，通过机体的不断适应来提高机体的运动能力和对外界（运动负荷）的适应能力。这一负荷规律和过程特征，要求在运动训练实践中，应注意以下训练的统筹与调整。

（1）训练初期，为了促进运动员尽快进入运动状态，可增加负荷量使机体的适应过程逐步实现。在专项训练阶段，以提高负荷强度刺激来加深运动员的机体适应过程。

（2）对于运动员而言，其参与的具体竞技运动项目不同、训练目的不同，训练负荷应有所区别。篮球运动员的训练负荷应与篮球训练目标、篮球运动专项特点相结合。

四、适应原理

（一）运动适应过程

生理学研究表明，运动训练过程中机体对训练内容的适应需要经过以下几个阶段。

---

① 孙海勇. 篮球教学创新与系统训练研究[M]. 长春：吉林大学出版社，2019.

（1）刺激阶段。在训练初期，运动员的机体需要接受来自各方面的各种刺激。

（2）应答反应阶段。在运动负荷的刺激下，运动员机体内部各器官和运动系统的功能产生兴奋并传输到机体各个器官中，最后使整个机体都进入运动状态。

（3）暂时适应阶段。运动员的机体器官和系统持续接受刺激，并持续对这种刺激做出反应，经过持续训练，运动员的机能就会适应刺激，提高体能、技能水平。

（4）长久适应阶段。系统、长期的体能训练，使机体完全适应训练负荷，在持续训练期间，机体运动器官功能和身体机能水平表现较好的稳定水平。

（5）适应衰竭阶段。在训练不科学合理时，如训练负荷较低，达不到运动员的体能素质发展需求，而过度加大运动量，则会使机体承受过度训练、遭受损伤。

（二）运动适应的训练指导

篮球运动训练中，运动员的各项素质（包括篮球专项素质）的发展和运动能力的提高就是一个不断"刺激—适应"的过程，在"刺激—反应—适应—再刺激—再反应—再适应"的过程中，运动员的适应能力、体能水平、技能水平同步得到发展。

这一原理要求在篮球运动训练中，教练员和教师应遵循篮球运动员的体能素质发展和变化的基本特点和规律，合理安排训练，避免训练不足和训练过度。

五、超量恢复原理

（一）超量恢复概述

超量恢复，又称"超量代偿"，是关于运动时和运动后休息期间能量物质消耗和恢复过程的超量恢复学说。它在运动生理、运动生化及运动训练领域具有重要的地位，是指导科学运动训练实践的重要理论学说。[1]

超量恢复原理指出，人体在承受了大负荷的运动之后，能量物质恢复不仅能达到原有水平，而且达到原有水平后并没有停止，而是继续补充，在一段时间内的能量物质恢复可超过运动前的水平，比运动前的能量物质储备更多，如图 2-1 所示。但是，对于不同的运动员、不同的运动训练内容来说，具体出现的超量恢复的时间和程度是不同的，如表 2-1所示。

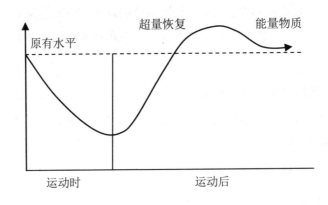

图 2-1　超量恢复原理

表 2-1　不同训练内容大负荷训练课后不同竞技能力超量恢复的时域

	大负荷训练课后各能力达到超量恢复时所需时间		
	速度力量能力	无氧能力	有氧能力
速度力量训练	48 小时左右	24 小时左右	6~12 小时
无氧训练	24 小时	48~72 小时	6~12 小时
有氧训练	6 小时	24~48 小时	72 小时左右

（二）超量恢复的训练指导

在现代运动训练中，运动量的大小是超量恢复强弱的重要影响因素。

① 罗君波，李政洪. 现代高校篮球运动教学的创新性研究[M]. 长春：吉林大学出版社，2016.

一般情况下，在一定的范围内，运动量越大，人体内各器官和肌肉的功能动员得就越充分，能量物质消耗的就越多，超量恢复也就会越显著。

在篮球训练中，要想不断提高运动竞技能力，就必须不断提高运动负荷，不断地打破机体对原有负荷的平衡状态，机体适应后再提高运动负荷。如此循环往复，从而不断提高训练水平，这就是"超量负荷原理"，应激学说是超量负荷原理的生理学基础。[①]

但是需要特别指出的是，"运动量越大，超量恢复越显著"，其中的"运动量越大"必须控制在一定的范围之内，如果运动量多大，超过了人体正常承受的范围，就会使得恢复过程延长，甚至可能会因过度疲劳而对身体健康产生不利的影响。如果运动量过小，身体得不到充分的运动，疲劳程度较小，超量恢复的效果就不显著，甚至不会出现，这不利于获得良好的训练效果。

因此，对于训练的度的科学把握是实现良好的超量恢复、促进运动员体能发展的重要基础。在篮球实践训练中，教师和运动员应明确以下两点。

（1）在身体可承受范围内，运动刺激强度越大，机体消耗量也就越大。

（2）应科学安排相邻两次运动训练的间隔时间，最好是在机体处于超量恢复阶段时对机体再次施加负荷，就会促进运动员生理机能水平的不断提高。

六、运动素质转移原理

运动素质的转移，具体是指在训练过程中，机体的某些素质的发展会引起其他素质的发展。在运动训练中，运动素质转移的机制主要包括以下三个方面。

---

① 孙民治. 篮球运动教程[M]. 北京：人民体育出版社，2007.

（1）各项运动素质的转移及其关系的生理生化基础是决定运动素质转移的内在机制。在运动训练过程中，能量供应来源的同一性也是影响运动素质转移的机制之一。

（2）有机体的整体性是影响运动训练过程中运动素质转移的重要机制之一。训练过程中，运动者所表现出的同一种运动素质或不同的运动素质，都是在中枢神经系统的支配下发挥各器官系统的综合作用的结果，而并非仅仅依靠某一器官和系统。

（3）运动素质的转移得益于技术动作结构的相似性。一般来说，不同运动素质的技术动作练习越相近，越有助于促进这两种或几种运动素质的转移和相互促进提高。

在篮球运动训练中，要想实现运动素质的相互促进和正向转移，以便能够取得理想的训练效果，运动训练者应熟练掌握运动素质转移的内在规律，促进运动员在运动训练中的正向转移的出现。

此外，应特别注意的是，训练的不同时期对运动素质转移的效果也具有一定程度的影响。例如，运动素质的直接转移效果明显，可在比赛期间广泛使用，而运动素质的间接转移则需要较长的时间。可见，运动素质的转移也具有一定的条件，这就要求运动员在篮球运动训练中要区别对待，科学安排训练。

七、身心互制原理

人的身心发展是分不开的，个体是一个综合体的存在，不仅包含躯体，而且包含意识。生理和心理二者相互影响、相互制约、共同促进。发展过程中不可偏废其一。

上述这些充分表明了篮球运动训练过程中，教练员和教师应重视运动员的身心互制、身心共同发展。

就篮球课程教学的本质而言，运动员承受一定量的运动负荷不仅可引起生理方面的变化，还会影响运动员的运动心理，运动员必须克服运动训练过程中的各种困难，积极投入到技能学练过程中去，良好的心理有助于提高运动员的篮球学练效果。因此，篮球运动训练不仅要体现在人的身体方面，也同时要体现在人的心理方面。[①]

简言之，篮球运动体能训练、心理训练应结合进行，使身心相互促进发展。

八、全面与特长发展规律

全面包括两方面，一方面是整个篮球队要具备全面的总体实力；另一方面是篮球运动员要具备全面的个人技术。特长是指在总体实力与个人技术全面发展的基础上，突出发展篮球运动员的优势技术。

篮球运动训练的最终目的是培养篮球运动人才，而篮球运动是集体球类运动，故而对篮球运动人才应该放到篮球运动集体团队中去培养。

因此，在篮球训练过程中，篮球运动员要将自身全面能力与特长能力发展的关系处理好，教练员也不要一味地注重发展篮球运动员的全面技术能力，也要在全面发展的基础上突出对其篮球特长技术进行科学训练，篮球训练的辩证统一要求处理好篮球运动员全面与特长的关系。

第二节　篮球教学模式分析

一、教学模式的结构和功能

（一）教学模式的结构

任何教学模式都有其内在的结构。教学模式的结构一般包含以下因素。

---

① 罗君波，李政洪．现代高校篮球运动教学的创新性研究[M]．长春：吉林大学出版社，2016.

1. 理论依据

任何教学模式都是在一定教学思想或理论指导下提出来的，它是建立各种体育模式的理论基础，反映了模式的内在特征。它在教学模式中是个独立的因素，又渗透在其他因素之中。如国外的信息加工教学模式是以信息加工的理论为依据，非指导教学模式是以人本主义教学思想为指导。

2. 教学目标

教学目标是指模式所能达到的教学效果，是教师对某项教学活动在学生身上将产生的效果所做出的预先估计。任何教学模式总是为了完成特定的教学目标而设计的，它使主题更加具体化，在教学模式的构成因素中居于核心地位，对其他因素有制约作用，也是教学评价的标准和尺度。如群体合作教学模式的教学目标是改善课堂教学的心理氛围、大面积地提高教学质量。

3. 操作程序

操作程序是指教学在时间上展开的逻辑步骤及每个步骤的主要做法等，任何教学模式都具有一套独特的操作程序和步骤。由于教学过程中既有教材内容的展开顺序、教学方法交替运用的顺序，又有内在的复杂的心理活动顺序，一般是从不同侧面提出教学活动的基本阶段及其逻辑顺序。操作程序只能是基本和相对稳定的，而不是僵化和一成不变的。

4. 实现条件（手段策略）

实现条件是指促使体育教学模式发挥效力的各种条件（教师、学生、教学内容、手段、时间、空间等）的最佳组合和最好的方案。策略是指为教师运用模式简要提出的原则、方法和技巧等。

5. 评价

这里的评价是指评价的方法、标准等。由于各个教学模式在目标、操作程序、实现条件上不同，因而评价的方法和标准也就不同，即每种教学模式一般都有适合自己特点的评价方法和标准。如群体合作教学模式评价因素不同于标准化的评价，它采用计算个人和小组合计总分的评价方式。但现阶段除少数的模式已初步形成一套相应的评价标准方式外，很多模式至今尚未形成自己独特的评价标准和方式，这也是今后教学模式研究中的一个重点和难点。[1]

上述诸要素相互联系、相互制约，完整地构成了一定的教学模式。其中，前面四个因素是教学模式的重要因素。至于教学模式中各要素的具体内容，则因模式的不同而有所差异。

（二）教学模式的功能

1. 理论方面的功能

教学模式是以简化的形式表达一种教学思想或理论，具有高度的概括性。教学模式来自实践，是在实践中形成的，是对某些有效的教学活动方式经过优选、概括、加工的结果，它能为某一种教学思想或理论所涉及的各种因素和它们之间相互关系提供一种相对稳定的结构，随着概括层次的提高、运用范围的扩大，教学模式还有可能由小型的、层次较低的理论性概括逐步发展成完整的、层次较高的理论。从这个意义上说，教学模式可以为教学理论的不断发展提供各种具体素材，由个别的特殊经验上升、转化为层次更高的教学理论。

2. 实践方面的功能

教学模式是某种教学理论的简化表现形式，它可以通过简要的解释或象征性符号来反映所依据的教学理论的基本特征，使人们在头脑中形成一种抽象理论的框架，便于人们理解和掌握。教学模式还为某种教学理论运用于实践提供了比较切实的、可操作的实施程序，有利于人们把握和运用。它可供教师设计和组织各种具体教学活动方式参考。

---

① 于建营. 高校篮球运动教学体系分析与创新研究[M]. 北京：中国商业出版社，2017.

教学模式的实践功能有以下四个方面。

（1）预见性，即教学模式能够帮助教师预见体育教学活动所能达到的教学效果；

（2）指导性，教学模式能够为教师提供达到预期教学目标所需要的各种教学条件和实施教学的程序，指导教师开展教学活动；

（3）系统性，教学模式可以使整个教学过程成为一个有序的系统，并使教学过程中的各因素充分发挥其功能作用；

（4）完善性，科学规范的教学模式能够在实践中对传统的教学过程、教学方法和教学结果进行改进，从而使教学过程更有效地为培养现代社会全面发展的人。同时，教学模式自身也不断得到丰富与完善。

二、篮球教学的多种模式

（一）"传授动作技能"教学模式

1. 指导思想

传授动作技能教学模式是通过教师的传授辅导和学生的接受练习，以系统掌握篮球技术、技能为中心的一种教学活动体系。其强调以学习篮球的基本技术和技能为主导，遵循学生的认识规律和动作技能的形成规律，把教学过程分为感知、理解、巩固、运用等阶段，是我国篮球教学实践中长期以来普遍采用的教学模式。这种教学思想主要受苏联传统教学理论的影响。[①]

2. 教学目标

传授动作技能教学模式是以促进学生掌握篮球技能有效的方式为手段，以教学大纲规定的技能评定项目为主要学习内容，以运动技能形成规律为主要依据，以学生学习技术知识、提高技能为主要目标的教学形式。这种教学模式是能够有效地促进学生技术和技能的学习与掌握，通

---

① 于建营. 高校篮球运动教学体系分析与创新研究[M]. 北京：中国商业出版社，2017.

过技术和技能的传授来完成教学的各项任务。

3．操作程序

经教师引导后，学生明确了目标，通过一些直观教学手段，使学生产生感性认识、形成视觉表象，进行模仿练习和表象练习，再经过实际练习和教师指导，建立动作表象和正确的肌肉感觉，形成动作技能，而后对学习效果进行总结评价，找出存在的问题，引起教学反馈的作用。其操作程序是：引发动机——明确目标——讲解示范——练习指导——总结评价。

4．实现条件

强调教学中教师的主导和支配作用，整个教学活动在教师组织指导和控制下进行。由教师规定教学目的、任务、要求等，学生依赖于教师，在教师的指导帮助下进行学习活动。教学条件：该模式运用效果主要取决于教师的教学技能水平、教学的方法手段，以及学生学习的自觉性、专项基础、身体条件五个因素。该模式主要由"系统学习"转变而来，在当前体育教学实践中被广泛运用。其优点在于能充分发挥教师的主导作用，也能较好地调动学生的学习积极性；能按体育学科的逻辑系统循序渐进地进行教学，使学生掌握较为系统的技术技能，也能保持较高的教学效率。其缺点是不宜正确地发挥教师的主导作用，较难发挥学生的主动性和创造性；不宜做到区别对待，容易出现"注入式"教学。

（二）"指导—发现"教学模式

1．指导思想

"指导—发现"教学模式是一种以解决问题为中心，注重学生独立活动，着眼于创造性思维能力和意志力培养的教学模式。该理论基础是布鲁纳的发现法教学原理，其认为教学过程是学生参与生活的过程，学生的学习是现有经验持续不断地改造。因此，教学不应该是讲和听，而必须通过亲身活动去感受、发现和升华。[①]

---

① 余丁友．现代篮球运动教学与训练研究[M]．北京：冶金工业出版社，2019．

2．教学目标

引导学生手脑并用，运用创造性思维去获得亲自实证的知识；培养学生善于发现问题、分析和解决问题的能力；养成学生探究的态度和习惯，逐步形成探索的技巧。

3．操作程序

教师通过指导语的方式对所授篮球教材内容进行改造，使之成为学生通过努力可以自行解决的问题，同时向学生提供大量的观察和分析的直观感知材料。学生在课前根据自己对篮球的知识、经历和理解进行预习，带着遇到的问题，到课堂上寻找解答方案。在学生解决问题时，教师给予必要的指导，最后采用分析和归纳的方法共同进行总结。其操作程序如图 2-2 所示。

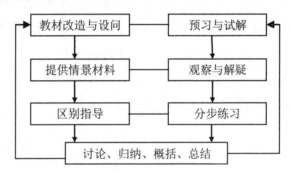

图 2-2 "指导—发现"教学模式操作程序

4．实现条件

（1）师生处于协作关系，教师引导学生通过主动发现来学习，把学习知识的进程和探索知识的过程统一起来。

（2）教师要为学生创设一个认识上的困难情境，使学生产生一种想解决这一认识上的困难要求，从而能认真思考所要研究的问题。

（3）采用这一教学模式要求学生有一定的知识经验技能水平储备，并利用统觉原理来解决新问题，将问题情境转变为解决问题的情境，直到问题解决。

（4）教师要根据教学需要为学生提供必需的视听材料（幻灯、录像等）、必需材料（参考书、文献等），教师备课要编制明确、系统的问题来反映教学内容，以问题带教学。

"指导－发现"教学模式最大的优点在于使学生学会如何学习，如何发现问题和解决问题，在学习篮球战术、理解攻守关系和掌握技术重点或难点时运用，效果更为显著。但也有局限性，它需要学生有一定的知识经验和技能储备。

（三）"掌握学习"教学模式

1. 指导思想

"掌握学习"教学模式的主要思想是在集体教学的前提下，明确具体的教学目标，提供足够的学习时间，改进教学内容结构和教学方法，加强教学过程中的反馈与矫正，在学生面临学习困难的时候给予帮助，从而使绝大部分学生都能够真正地掌握学校所教学科的内容。其理论基础是卡罗尔"学校学习模式"的基本观点。布鲁姆认为教育目标都有外显行为等特点，都是可以测定的。布鲁姆的教学评价理论把教学评价置于教学过程之中，对照教学目标及时做出价值判断，测定教学目标是否达到，有效地进行指导教学一连串反馈活动，对调节教学过程、提高教学水平、保证学生学习任务的完成起着十分重要的作用。

2. 教学目标

其教学目标在于大面积提高教学质量。提出"绝大多数学生都能学到学校所教的一切东西"，承认所有学生具有均等学习的机会。"掌握学习"是在通常的班级集体教学的条件下进行的，力求把集体施教和因人施教统一起来。

3. 操作程序

（1）为掌握知识确定方向。即向学生介绍掌握学习的一般程序，使学生适应这种学习方法，明确学什么、怎样学，达到什么程度。

（2）为掌握知识而进行教学。其具体步骤如下：

1）根据确定的单元教学目标及其教学进程，教师按预定的教学计划，采取班级教学的形式对全体学生集体教学。

2）在单元教学结束，对全体学生进行单元的形成性测验。

3）分析测试结果。凡达到掌握目标的学生，进行巩固性、扩展性学习，或教其他同学；凡未达到目标的学生，则分析其错误产生的原因，进行矫正学习。矫正手段包括个别辅导、小组合作性学习，教师有重点的指导等。

4）再进行一次形成性测验，待大部分学生都已掌握了这个单元的内容以后，再转入下一单元的学习。如此循环往复，直到全部教材学完。

（3）为掌握情况划分等级。即在学完全部教材之后，对全班学生进行终结性测验。成绩评定是依据预先规定的标准。分为"已掌握 A"和"未掌握 B"两等。或将未掌握水平分为 B、C、D、E、F 等，借以表明学生的具体水平。终结性评价还应作为进一步提高的诊断性评定，使学生明确学习努力的方向。

4．实现条件

（1）师生双方对"掌握学习"都要抱有信心。教师对学生应有真诚的期待，相信绝大多数学生都能学好，教师自身也要坚定信心，坚信能使绝大多数的学生学好。学生则要有两个先决条件，一是"认知前提能力"，即学习相应的基础知识、技术、技能的能力以及预习课程、学习习惯等；二是"情感前提特征"，即学习兴趣、胜任感、自信心等。

（2）确定篮球教学的内容、目标和测量手段。确定教学内容，要明确学习范围；确定掌握目标，要明确教学目标的达成度；形成性或终结性测验的内容要覆盖所有目标。

（3）为掌握制订计划，内容包括：设计教学单元及其教学时间；制订单元具体的掌握目标；编制单元形成性测验内容；准备矫正的手段，如个别辅导、小组学习、重新教学等形式。

"掌握学习"教学模式，以反馈—矫正为核心，围绕教学目标，运用多种方式的形成性评价，根据评价结果，确定教学难点，然后安排重新教学，2~3人一组的相互帮助和教材指导等矫正措施进行教学。结果证明，在提高"差等生""中等生"的成绩方面有显著的效果。但该模式的许多问题还要在实践中加以研究和解决。如教学内容要以单元划分怎样才更科学、合理；教师上课前要做许多准备工作，要采用多种教学手段和方法，势必增加教师的负担；"因材施教"问题也要进一步研究。对于优等生则比较不适应，深化学习和扩展性学习难以解决。

（四）"程序"教学模式

1．指导思想

程序教学就是将教学内容分成许多小步子，系统地排列起来，学生对小步子所提出的问题作出反应，确认以后再进入下一步学习。

程序教学的理论基础是新行为主义的学习理论。新行为主义者在学习理论上是以联结主义的原理来阐明学习现象。他们认为，学习是通过刺激——反应——强化而形成行为的。斯金纳根据操作性条件反射的实验提出：任何复杂的行为都可以用一种逐步接近、积累的方法由简单行为联系而成。据此，他建立了程序教学模式。他认为，程序教学的关键在于要精密设计操作的过程，建立特定的强化，使学习者通过学习得到外部或内在的满足。

2．教学目标

这一教学模式在于教给学习者以某种具体技能、观念，或其他内部或外部的行为方式，如掌握某些智力技能或行为技能等。

3．操作程序

将篮球技术、战术教学内容依据认知规律和技能形成的规律，分解成为若干个相互联系的小步子，使之成为便于学习的逻辑序列，同时建立相应的评价信息反馈系统。教学开始以后，学生依据小步子进行学习，学习后及时进行评价，依据评价结果对学习效果进行即时反馈。如达到了预定的标准，则进行下一步学习；如没有达到标准，则返回去重新学习，并配以相应的矫正措施。

4. 实现条件

采用这一模式，需把教学内容根据学习过程分解为许多小步子，并按一定的次序排列好。每一小步子均有技能达到的标准。程序教学的四条原则如下。

1）小步子原则。每两个学习项目内容的差距越小越好。

2）积极反应原则。学生学习效果的外显反应，要快速地体现在技能掌握的程度上。

3）即时确认原则。学生作出反应，要得到及时的肯定或否定。

4）自定步调原则。学习速度可以根据自己的情况来决定。

程序教学的优点是可以使学习内容化难为易，易于学生掌握和巩固；及时反馈、及时强化，有利于调动学生学习的积极性，及时调整学生的学习；可以根据各人的情况，自定步调，确定学习进度，有利于因材施教，在篮球技术教学中运用效果较好。不足之处是由于学生自定步调，学生练习的内容与方法不尽一致，不便于教师的教学组织。

（五）"学导式"教学模式

1. 指导思想

"学导式"教学模式是指教学活动以学生自学为主，教师的指导始终贯穿于学生自学的教学模式。其理论依据为以下几个方面。

（1）"教为主导，学为主体"的辩证统一的教学观。教学活动是教师的教与学生的学的有机结合。教师的主导作用主要体现在提出学习目标、要求，安排学习计划、内容，指导学生学习方法等；学生的主体地位只有通过学生主动地学习才能实现。

（2）"独立性与依赖性相统一"的心理发展观。学生是正在成长中的个体，随着年龄的增长，独立性日益增强，他们希望独立学习、自己管理自己。但是，他们认识能力还不成熟，自我评价和自我控制能力都不强，还离不开教师的指导。因此，在教学中教师必须考虑学生的独立性，培养他们的自学能力，同时要加以正确的指导。

（3）"学会学习"的学习观。当代知识激增，更新过程加快，教师不可能教给学生受用终身的知识，因此，培养学生自学能力、教会学生学习比传授知识更为重要。

2．教学目标

以自学能力的培养为主要目标，实现以"教"为主向以"导"为主的转变。

3．操作程序

（1）提出要求。根据教学需要，教师对自学的范围、重点和要解决的问题提出要求，让学生有目的地学习。

（2）自学。根据要求，学生自学，教师巡视，了解自学情况，及时解决学生个别问题。

（3）讨论、启发。学生针对共同的问题开展讨论（分小小组、小组、班级讨论），通过讨论相互启发、提高认识，捕捉疑点、难点；在讨论的基础上，由教师做启发性讲解，解惑、点拨、指迷，给学生提供解决问题的思路和方法，提高学生的认识水平。

（4）练习运用。通过完成相关的练习、实际操作等，使学生将所获得的知识在运用中得以检验、巩固。

（5）评价、小结。教师对练习结果及时评价，并根据反馈信息，采取巩固性或补充性教学。评价方式有教师评价、学生互评、自评等。小结是指学习一个阶段后，要求学生将所学知识系统化、概括化并联系原有知识，从整体上理解所学内容。小结可以由师生共同作出，也可以由教师指导学生先归纳，教师再补充总结。

4. 实现条件

（1）教师要有以"学"为主，"导"为主线正确的教学指导思想，教师是"指导者""引导者"，要充分相信学生能自学，积极指导学生自学。

（2）教师要设计要求明确的自学提纲，提供必备的参考材料。要有一套指导学生自学的方法。该模式要求学生有一定的阅读能力，在篮球战术教学中运用效果较好。

"学导式"教学模式可以提高学生学习的主动性和主体意识，有利于学生自学能力和学习习惯的培养，加速创造性思维能力的发展。采用这一教学模式，教师虽然少讲了，只起点拨、解疑的作用，但对教师的主导作用要求却更高了。如果教师不能做到这一点，自学就会导致自流，这种模式的优越性就难以体现。

（六）"合作学习"教学模式

1. 指导思想

"合作学习"教学模式主张用人道主义的原则和个性民主化的原则来改造教育和教学过程，处理教育和教学过程中人与人之间的关系，激发学习热情，培养个性和谐发展的人。其理论依据是苏联阿莫纳什维利为代表的"合作教育学"。这种"合作学习"的关系表明个人目标和同伴群体之间是相互依存的，使学生感到只有在和自己有关的其他同伴达到目标的前提下，他自己才能达到个人的目标，这种结构可以产生学生群体之间相互作用的积极效果，而改善教学的整体效益，建立"互助合作小组"是实现学生群体合作目标的基本手段。

2. 教学目标

"合作学习"模式通过异质分组，合理竞争，促进学生社会交往能力的发展，有效地促进差生学习成绩的提高，充分调动学生的积极性，大面积提高学生的学习成绩。

3．操作程序

教学中依据自愿的原则把学生分成人数不等的若干个小组，练习时要以小组为单位结成"伙伴对子"。小组内发挥技术骨干的作用，优生帮助差生。教学过程中多运用小组练习、小组竞赛和小组评价等方法进行活动，在小组和伙伴的合作活动中学习掌握篮球教学的内容。其操作程序是：异质分组——小组内协作学习与组间竞争——个人和小组合计总分的评价方式。

4．实现条件

（1）要在教师的指导下，将全班分成几个异质学习小组，各小组的素质、技能大致相等。

（2）"合作学习"小组是一个亲密友好的群体，小组成员之间平等交往，彼此尊重、相互依赖。

（3）小组的内部协作与小组的外部竞争同等重要。通过小组的内部协作，个人成绩与小组总成绩挂钩，促进小组成员形成和谐、友好、平等的关系；通过小组的外部竞争，可以培养学生的竞争意识，激发学生的练习积极性。

（七）"领会"教学模式

1．指导思想

领会教学模式的着眼点是从传统强调动作技术转移到培养学生的兴趣及认知能力。把学生认知能力和战术意识的培养视为核心，将训练学生应付多种复杂情况的能力作为学习的关键，并根据学生的需要因人而异地教授多种技巧动作，强调的是学生理解掌握篮球运动规律及相应的技巧和战术。首先倡导在球类教学中采用"任务教学"代替传统"技巧教学"的是英国洛夫堡大学的宾嘉和霍普两位教授。

2．教学目标

让学生掌握篮球运动的本质规律和内在联系，即把战术意识学习置于首位，让学生明白在如何运用技巧的前提下学习技巧，然后通过反复的练习和比赛加以巩固，使学生建立篮球运动和比赛的概念，获得一些战术意识，在理解的基础上学习相应的动作技巧，提高学生的学习兴趣。

3. 操作程序

领会教学模式主要包括六个部分，如图 2-3 所示。

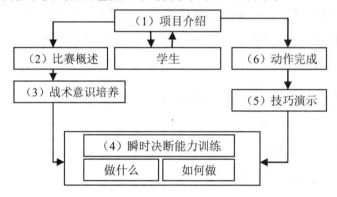

图 2-3　"领会"教学模式的构成

领会教学模式以"项目介绍"和"比赛概述"作为学习篮球运动的开始，通过教师的讲解，让学生了解篮球运动的项目特点和比赛规则（如比赛场地、比赛时间的限制、得分的方法等），以及比赛所涉及的基本技巧。在此基础上，对学生进行战术意识培养。教师在介绍了战术之后，将结合实战向学生演示一些如何应付临场复杂情况的方法，对学生进行"瞬时决断能力训练"，培养和训练学生全面观察、把握时机、及时应变的能力。根据临场情况的不断变化，要求学生做出决断——"做什么"，并选择能取得最佳效果的技巧——"如何做"。在学生对比赛过程有所了解，并有了相应实践后，教师才视学生的能力及不同需要，引导教学进入"技巧演示"阶段，开始教授学生各种动作的要领和合理运用技巧的诀窍。在学生学习了技巧动作后，教师安排学生通过反复的练习和比赛来巩固，从而促使他们"动作完成"——完成相应的、有质量有效果的动作，最终达到比赛中的运用自如。

4. 实现条件

（1）从篮球运动整体特征入手，然后再回到具体技能的学习，最后回到整体认识和训练中。

（2）强调从战术意识入手，把战术意识贯穿在各个教学环节中，突出整体意识和以战术为主导的特征。

（3）突出主要运动技术，可忽略一些枝节性的运动技术。

（4）注重比赛形式，并在比赛和和实践中培养学生对篮球项目的理解。教学往往从"尝试性比赛"开始，以"总结性比赛"结束。

第三节　篮球教学训练基本原则与方法

一、高校篮球教学的原则

教学原则是教学规律的总结和概括，这就要求在教学活动中一定要遵循教学原则。篮球教学的原则可以大致分为两类，一类是教学中都要遵循的一般教学原则，另一类则是篮球教学所特有的专项教学原则，具体如下。

（一）一般教学原则

高校篮球教学的一般教学原则主要包括直观性原则、渐进性原则、自觉性原则，具体如下。

1. 直观性原则

所谓的直观性原则，就是指利用学生的感官和已有的经验，通过各种简单的途径对篮球技术战术的生动表象和感觉有一定的了解和认识，并将这些内容与积极的思维相结合，从而达到更好地掌握篮球技术、战术和技能，发展思维能力的目的。在篮球教学中，使用较为广泛的直观教学方式主要有动作示范、沙盘演示、技战术图片、电影、录像等。

感觉是认识的基础，因此，在篮球教学中，如果直观性原则运用得好，往往能够进一步促进教学效果的提高，意义重大。但是，在篮球教学中贯彻直观性原则时，有两个方面需要注意：一方面，要注意确定明确的目的；另一方面，要求做到通过有效形式将学生的学习积极性和创造能力有效地激发出来。

2. 渐进性原则

所谓的渐进原则，就是指按照学科的逻辑系统和学生的认知规律进行教学活动，具体来说，就是由简单到复杂，由低级到高级，由单一向综合发展，在这样的规律指导下能够使学生循序渐进地掌握关于篮球的基本知识、基本技术战术和运用能力，从而形成严密的逻辑思维体系。因此，在进行篮球的知识技能教学时，一定要由浅入深地进行。

为了更好地贯彻渐进性原则，取得更好的教学效果，有两个方面需要注意：一方面，一定要注意教学内容的系统性；另一方面，一定要科学合理地安排运动负荷。

3. 自觉性原则

所谓的自觉性原则，就是在教学过程中，教师通过充分调动学生的学习积极性，使学生的学习自觉性得到启发，并且取得最佳的学习效果。学生是教学过程中的主体，因此，在篮球的教学活动中贯彻自觉积极性原则是非常有必要的。要通过采取各种措施和手段充分调动学生的学习主动性，引导他们积极思考，勇于探索，刻苦练习，能够很好地增强他们对篮球理论、技术、战术等内容的学习的自觉性，从而使他们观察、分析和解决问题的能力也得到有效提高。

在篮球教学活动中，要贯彻自觉性原则，首先要使学生明确他们的学习目的，从而调动起他们的学习主动性。另外，较为和谐的师生关系和良好的学习氛围，也能够增强学生的学习自觉性。

（二）专项教学原则

高校篮球教学应遵循的专项教学原则主要包括以下几个方面。

1．学习技术动作与实战对抗运用相结合的原则

篮球技术对抗性和开放性的特点，在很大程度上决定了一定要将实战对抗能力放在篮球教学过程的重要地位。贯彻这一教学原则，学生不要仅仅将技术视为固定程序的身体操作，而是应该在习得篮球技能时首先建立起对抗的概念和技术实效的概念。从认知策略的角度上来说，技术动作的学习与实战运用相结合发展，与开放性运动技能教学的规律是非常相符的。从另外一个角度来说，篮球技能形成与发展的普遍规律就是在不断的适应和实战中进行学习，由此可以看出，只有将技术动作的学习与实战运用的能力培养发展结合起来，才有可能取得较为理想的专项学习效果。[①]

2．技术个体化和区别对待的原则

技术动作的规范性是篮球教学普遍追求的目标。但是，学生作为篮球教学的主体，其在行为习惯、身体素质、身体形态、智力和在篮球方面的经验和了解等方面都存在一定的差异性，因此，"技术的规范化"的个体表现的差异性也相对较大。由于使初学者通过练习，形成符合自身条件的动作完成方式是高校篮球的教学目的，因此，篮球教学要在规范化的基础上遵循技术的个体化原则，允许学生之间存在技术动作上的细微差别。但是，需要注意的是，要以学习对象的具体情况为主要依据来有针对性地选择适当的教学方法，掌握好适当的学习速度，从而使区别对待原则得到更好的贯彻。

3．专门性知觉优先发展的原则

篮球运动特有的运动环境的构成因素主要包括球、同伴、场地、器

---

① 高峰. 现代高校篮球运动及其教学实践分析[M]. 北京：中国纺织出版社，2018.

材等。专门性知觉发展的过程就是对环境和器材的感知，其中，对于专门性直觉优先发展主要是指手指、手腕对球的控制能力，这在篮球教学活动中具有非常重要的作用和意义。为了确保技术动作的学习，在教学过程中通常采用大量的熟悉"球性"的练习来优先发展专门性知觉。由此可以看出，专门性知觉优先发展是篮球运动所特有的教学原则，应该严格遵守。

二、高校篮球教学的方法

所谓的教学方法，就是教学过程中师生之间进行信息交流，教师向学生传授有关知识技能时所采用的技术手段。以现代教学理论和篮球教学的实践经验为主要依据，可以将篮球教学方法分为两大类，一类是常规方法，一类是现代方法。在高校篮球教学过程中，往往将两大类教学方法综合起来进行运用。

（一）常规方法

广大教师多年教学实践中行之有效的经验概括和总结，就是常规方法，它是现代方法的基础，其教学意义重大，一定要重视起来。篮球运动常规方法具有程式简单、讲究方法配合的显著特点，并且对教学双边活动中教师教授知识技能的方法非常重视。篮球教学过程中经常使用的常规法主要有讲解法、演示法、练习法和纠错法等，具体如下。

1. 讲解法

在教学过程中，为了使学生通过听来感知教学的内容，采用简练准确的语言来对一些教学的相关内容进行分析的方法，就是所谓的讲解法。具体来说，讲解的内容主要包括：技术动作的方法和要领、战术配合的方法和要求，以及运用过程中的注意事项等。

在运用此方法时有两个方面需要注意：一方面，要掌握好讲解的时机，突出重点；另一方面，讲解的内容要与学生的知识掌握程度相符。

2. 演示法

教学过程中适时地示范技术动作和战术配合方法，并且通过投影、幻灯、挂图和录像等电化媒体手段的运用，达到使学生通过观看来直观地感知教学内容的目的的方法，就是所谓的演示法。在篮球教学的实践中，通常都是将示范与讲解结合起来使用的。另外，在运用此方法时，不仅要注意示范的面、示范的队形，而且还要注意示范的动作的正确性。

3. 练习法

在讲解与示范的基础上，通过组织学生进行身体练习而达到掌握篮球技能的目的的方法，就是所谓的练习法。以不同的划分依据，可以对练习法进行不同的分类。比如，以练习的形式为主要依据，可以将练习法分为简单条件下的练习、完整练习、分解练习、复杂条件下的练习；以篮球运动特点为主要依据，则可以将练习法分为个人技术练习、对抗性练习和配合性练习等。在运用此方法时，要注意练习的强度、密度和运动量安排要科学、合理，并且将追求实效性作为主要目的。

4. 纠错法

在教学过程中，学生在进行技战术的练习时出现错误，此时教师对学生错误的纠正采用的方法，就是所谓的纠错法。在篮球教学实践中，只有先将产生错误的原因找到，才能够有针对性地采取相关措施进行纠正。通常情况下，比较常见的纠错形式主要有两种，一种是诱导法，一种是条件限制法。

以上这四种教学方法是一个统一的体系，在运用教学方法时，只有根据实际情况和需要将这几种方法相互配合起来使用，才能够达到实现教学整体功能的目的，只是单一地使用某一种方法是不可能取得理想的运用效果的。其整个方法体系构成的常规教学模式如图 2-4 所示。

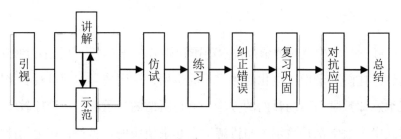

图 2-4　常规教学模式的方法体系构成

（二）现代方法

篮球教学的现代方法是近年来发展起来的以现代教学理论为依据的教学方法，具体来说，就是将当代信息论、系统论和控制论运用于教学实践中。现代方法主要针对传统教学中存在的某些弊端，通过合理的教学设计，在教学过程中将教师的主导作用和学生的主体作用最大程度的发挥出来，采用启发和诱导的方法，将学生学习的积极性和主动性充分调动起来，提高教学效率，在传授知识技术的同时注重培养学生的能力。

篮球教学的现代方法主要有掌握学习教学法、指导发现教学法、程序教学法、合作学习教学法以及案例教学法五种，具体如下。

1. 掌握学习教学法

以教学的目的任务和初始测量的结果为主要依据，将所教授的篮球教材内容分解成为具有不同层次的目标体系，就是所谓的目标分类体系。然后再以目标分类体系为主要依据制定出相应的评价标准。对教学状态的评价贯穿于教学的整个过程，包括教学开始、过程之中和教学结束。其中，教学开始的评价是初始评价，过程之中的评价是形成性评价，教学结束的评价是终结性评价。评价结束后，要将评价结果整理好反馈给教师和学生，使教师能够对教学目标的完成度一直保持充分的了解，并且通过采取重复教学、调整、强化和个别辅导等具体措施，使教学目标能够分层次地实现，从而达到所有学生的知识和技能都有一定程度的提高的目的。

具体来说，掌握学习教学法的整体模式如图 2-5 所示。

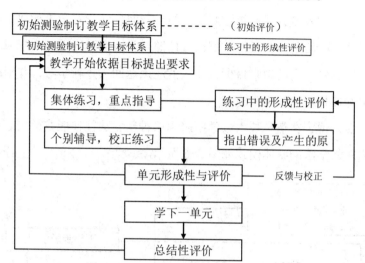

图 2-5　学习教学法的整体模式

2．合作学习教学法

从社会学习的理论的角度上来说，篮球教学组织可以说是一个社会活动的过程。这一教学方法的具体运用步骤为：教学开始后，请学生自愿分成人数不等的若干个小组，练习时要以小组为单位结成"伙伴对子"，要求小组内的技术骨干要起到带头作用，互帮互助。

为了取得较为理想的教学效果，需要注意的是，教学过程中的活动方式要多种多样，从而使学生能够更好地掌握篮球教学的内容，使学习成为学生之间合作的活动，最终让学生不仅能够按时完成学习任务，还能够喜欢这样的学习环境和人际关系。

3．程序教学法

程序教学法，也叫学导式教学法或小步子教学法。具体来说，这种教学方法以认知规律和技能形成的规律为主要依据，可以将篮球技战术教学内容分解成为若干个相互联系的小步子，使之成为便于学习的逻辑序列，并且建立相应的评价信息反馈系统。程序教学法的主要步骤是：

教学开始以后，学生以小步子的方式进行学习，学习结束后对学习的情况进行及时的评价，然后再按照评价结果及时反馈学习效果如何。如果达到了这一阶段的教学目标，那么就按照正常进度进行下一步学习；而如果没有达到既定的教学目标，那么就应该返回去重新学习，并根据实际情况配以相应的校正措施。

一般来说，在篮球技术教学中采用这种新学法往往能取得较好的效果。程序教学法的整体模式如图 2-6 所示。

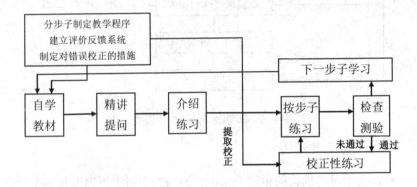

图 2-6　程序教学法的整体模式

4．指导发现教学法

关于指导发现法，主要包括两个方面，因此，可以从两个方面进行理解：一方面，是教师的指导，教师以指导语的方式改造所授篮球教材内容，从而达到使学生自行解决的程度，并且将一些相关的观察和分析的直观感知材料提供给学生；另一方面，是学生对问题的发现，学生通过在课前预习篮球知识、经历和理解，发现一些解决不了的问题，并且将其带到课堂上寻找解答方案，而教师这时候要给予学生一定的指导以解决问题，最后采用分析和归纳的方法对这些问题进行总结。一般情况下，这种方法对于学习篮球战术、理解攻防关系和掌握技术要点较为适用，如果运用得好，往往能够取得较为理想的效果。

指导发现教学法的整体教学模式如图 2-7 所示。

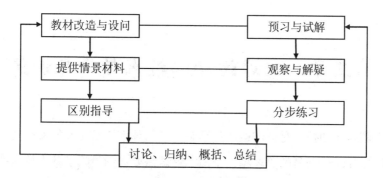

图 2-7　指导发现教学法的整体教学模式

5. 案例教学法

案例教学法是一种在篮球教学过程中运用较为广泛的方法，其对于篮球战术配合教学、篮球竞赛组织编排和篮球规则与裁判方法的教学等内容的教学较为适用。这种教学方法的主要运用步骤是：首先按照教学大纲的要求，有针对性地选择篮球比赛中比较精彩的典型案例作为教材内容，并且在教学过程中对这些案例进行深入的分析，这样不仅能够让学生尽快地建立起相关概念，而且还能够使课堂气氛更加活跃，然后组织集体练习，最后达到掌握的目的。

另外，由于运用这种方法时，需要注意案例的选择不仅要能充分反映教学内容，而且还要具有典型意义，并且对学生的篮球运动基础也有一定的要求，因此可以说，案例教学法在篮球专修课的教学中采用较为合适。

第三章 篮球运动的技术教学与训练

篮球运动技术是篮球运动员顺利参加篮球训练及比赛的关键技能。现代篮球对运动员的要求越发全面，这就需要运动员除了基本技术的训练外，还要练就更加精湛的技术以及特长技术，如此才能在同等水平下的比赛中不落下风。本章就对篮球运动的技术教学与训练进行具体研究。

第一节 篮球运动技术理论概述

一、篮球技术的概念

为了学习好篮球技术，首先就要明确篮球技术的含义。具体来说，运动员所接触到的篮球技术其含义可以从动作方法分析和实际运用两方面来阐述。

（1）篮球技术动作方法角度上的含义，是指篮球运动员在训练和比赛过程中进行进攻和防守时所采用的专门化的身体动作方法。具体来说就是众多类型的技术如传接球、运球、投篮等，此外还包括那些动作与动作之间有经常联系的组合动作等。

（2）篮球技术动作实际应用角度上的含义，是指在篮球运动实战中合理使用单个动作或组合动作，并达到预期效果的动作方法。从技术动作实际应用的角度上看，此时的技术动作并非像理论上那么理想和规范，这是因为在实战当中运动员几乎都是在对抗中完成技术动作的，这种在受迫下完成的技术动作不仅要经历对抗，同时还要符合人体运动科学的原理，因此更加难以把握。

除了上述两点之外，还需要明确的一点是尽管每种技术动作都有着较为规范的完成方式，但落实在实际当中，司职不同位置的球员在训练过程中会根据位置职责偏重于某些技术的训练，如后卫球员更加注重传接球和运球的练习；前锋球员注重投篮和移动练习；中锋球员更加注重篮下进攻脚步和抢篮板球技术的训练等。不同指责的球员对技术练习的侧重现象，也显现出了篮球技术动作的专门性与合理性。

在篮球运动训练或比赛中，球员必须充分发挥主观能动性，在团队篮球的基础上独立完成各种技术动作的运用，并积极地与自己的队友进行配合，以此给予对方最大的威胁。这也是篮球球员在体能、技能、智能、经验以及创新能力等方面的综合表现。

现代篮球比赛就是双方球员技术动作的对抗。球员可以通过篮球技术的使用来集中体现出自己的运动特点、运动素质、特殊技能、运动意识、心理品质以及道德作风等方面的水平。同时，篮球技术是篮球战术的基础，任何战术意图和战术方法的实现，都需要掌握熟练、准确的技术动作和应变能力。而篮球战术的本质实际就是多种篮球技术的针对性组合。所有这些都充分说明了现代篮球技术在篮球运动中的显要地位及其重要作用。

二、篮球技术的特点及分类

（一）篮球技术的特点

1. 稳定与变化相结合

每一项篮球技术都有它的动作规范，这种动作规范在练习时一般都是具有相对稳定的特点，如投篮动作中左右手的作用和投篮发力顺序。但这仅仅是在初始练习时的状态，由于篮球本身具有高强度的对抗性，因此在双方对阵时，极少出现没有对方干扰的情况，此时就需要将平时学习的相对稳定的技术动作根据不同的环境与对手情况进行相应的变化，并且需要能够及时做出应答动作的开放性技能。要求能够在攻守对抗的情况下以及在各种不同条件下去组合动作，能随机应变、创造性地完成攻守任务。而这也就成为现代篮球运动技术的又一显著特点,即相对稳定与随机应变的结合。[①]

2. 争取时空的动态与激烈对抗相结合

篮球运动具有时空争夺性,这点主要体现在对阵的双方都在追求以最快的速度达到对方篮下造成威胁,以及球在脱离任何一方时双方都尽力争夺最有利的获得球的空间位置。篮球竞赛是一个攻守对抗的动态过程,一切现代篮球技术均是在动态和对抗中进行的,快速、准确、实用、多变,充分表明了在争取时空主动上的合理性和创造性,两者的结合则是现代篮球技术的一个显著特征。

3. 身体动作与控制支配球相结合

身体动作与控制支配球相结合也是篮球技术特点之一。篮球运动是一项需要全身参与的运动,篮球球员是通过手接触球来达到支配球的目的。除了手的参与外,球员身体的其他部位也都要经常参与协调配合,以组成各种专门的动作。最后通过手部的动作控制、支配球的运行和争夺获球,使身体动作与控制支配球融为一体,展现出了现代篮球技术的无穷魅力。

4. 规范性与个体差异相结合

在现代篮球技术中,还会表现出规范性与个体差异相结合的特点。在篮球运动技术中,任何动作技术都必须在一定的规范性下进行,这些动作规范都是经过长期的实践积累总结而成的,具有十足的科学合理性,因此,必须依照规律进行操作。然而,在实际训练中能够发现,并不是每一名球员都能按照动作的标准练习,有些篮球球员因个体的差异性而表现出对与规范动作稍有不同的动作特点和风格,如前美国 NBA 著名球员奥尼尔的投篮技术,就与传统的投篮动作相差甚

① 陈杰. 篮球运动教学理论创新与实战技巧研究[M]. 北京:中国原子能出版社,2019.

远。奥尼尔的投篮动作不规范，也直接导致他在远离篮下时的攻击性大减。然而有些运动员的技术动作虽与规范动作有些差别，但仍旧能够保证动作效果，所以，在篮球运动的训练与比赛中不能强求动作外形的模式，而要讲求实效。规范性与个体差异相结合的特征，也是其他竞技运动项目技术具有的特征。

（二）篮球技术的分类

为了使篮球技术训练主体对象能够更加深刻地了解和认识各种篮球技术动作及其所属的单元，就需要对篮球技术进行系统和详细的分类。

目前，对篮球技术的分类依据的是攻守对立统一的规律、人体运动科学的原理和技术动作的任务。如图 3-1 中所示，这种分类方法就是结合了技术动作的运动学结构和动力学结构的类似特点，将技术进行具体分类。这种分类方法也是中华人民共和国成立后我国一直沿用的动作结构类归的分类方法。

自 20 世纪 80 年代后，我国才对篮球技术类别进行了重新区分，其分类方法如图 3-2 所示。虽然这样的现代篮球技术分类在我国被广泛认可和应用，但其分类方法仍然存在一些不足之处，需要进行修改和调整。

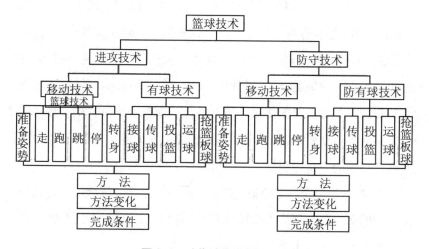

图 3-1　动作结构类归的分类方法

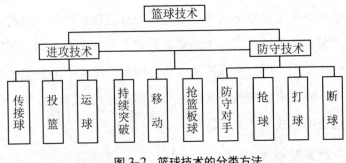

图 3-2　篮球技术的分类方法

三、篮球技术发展的影响因素

篮球技术的发展实际就是一种实践的过程，在早期记录的篮球比赛的影像中可以看到当时的篮球技术显得非常蠢笨和迟缓，而且动作也并不美观。随着实践的增加，篮球技术也在不断追求革新，除了实效性以外还适当地考虑到了动作的美观和协调，这一长期过程促使了现代篮球技术的改进、完善和创新。对篮球技术的发展起到一定作用的主要有以下几个因素。

（1）球员对技术的掌握能力对技术发展的影响。篮球球员是现代篮球技术主体的操作者，直接影响着篮球运动技术的质量和发展。

（2）教练员对技术的讲授能力对技术发展的影响。篮球教练员的组织、言传身教、经验等对现代篮球运动技术的发展同样起着重要的作用。

（3）科研人员对技术的研究能力对技术发展的影响。科研人员对技术的研究能力也发挥着越来越积极的作用。体育科技的发展对运动技术的革新起到了非常重要的作用，如要进行一项技术革新，在没有应用之前首先科研人员就要对新动作采取电脑制模，分析运动力学原理等数据，只有通过科学的分析后新技术才有可能获得实践机会。

（4）场地器材条件。场地、器材、设备等条件对篮球技术的发展也产生一定的影响，如历史上篮球比赛的场地大小出现过多次变化，每一次变化都会给篮球技术带来相应的改变。

（5）竞赛规则对技术发展的影响。任何体育项目的竞赛规则都对这项运动的发展有着重要的导向作用。篮球也不例外，篮球运动规则的一些具体规定，在一定的时间内也直接制约或推动着篮球运动某些技术与战术的发展速度。

（6）篮球运动的产业化和商业化对技术发展的影响。随着篮球竞赛的商业化发展速度的加快，现代篮球技术受到市场价值规律的驱动并产生积极的影响。

第二节　篮球运动一般技术教学与训练

一、传接球技术

传接球是指在篮球比赛中进攻队员之间有目的地支配球、转移球的方法。传接球的质量好坏对于战术执行质量的高低以及进攻的成功率有着很大的影响，甚至会决定比赛最终的结果。

（一）传接球的技术分析

1. 传球技术分析

（1）双手胸前传球。双手手指自然分开，拇指相对成"八"字形，用指根以上部位持球，手心空出。两肘自然弯曲于体侧，把球置于胸腹之间的部位，身体成基本站立姿势。传球时在后脚蹬地、身体重心前移的同时前臂迅速向传球方向伸出，拇指用力下压，手腕前屈，食指与中指用力拨球将球传出，如图3-3所示。

图3-3　双手胸前传球

（2）单手肩上传球。胸前双手持球，双脚平行而立，传球时（以右手传球为例）左脚向传球方向迈出半步，右手托球，同时将球引到右肩上方，肘部外展，上臂与地面近似平行，手腕向后仰。左肩对着传球方向，身体的重心落在右脚上，右脚蹬地，转体，右前臂迅速向前挥摆，手腕前屈，通过食指、中指拨球将球传出，如图 3-4 所示。右脚在球出手之后随着身体的重心前移而向前迈出半步，保持基本的站立姿势。

图 3-4　单手肩上传球

（3）双手头上传球。双手指尖朝上，从球侧面持球于头顶，肘部稍微弯曲，向传球方向跨步同时手腕后转，球转移到脑后，将球向前抛出，手腕下转发力，做好随球动作。

（4）单手体侧传球。以右手传球为例。双脚开立，膝关节微屈，将球双手持于胸前。传球时右手持球后引，经过体侧向前做弧线摆动，手腕前屈，用食指、中指的力量拨球，将球传出。

2．接球技术分析

（1）双手接球。接球时双眼注视来球，手指自然分开，两拇指相对成"八"字形，两手成半圆形。来球之前主动伸臂迎球，肩、臂、腕、指保持放松。接球时，指端先接触球，两臂同时随球后引缓冲来球的力量，同时做好衔接下一动作的准备姿势，如图 3-5 所示。

图 3-5　双手接球

（2）单手接球。以右手接球为例。右脚向来球方向迈出，接球时右臂微屈，手掌成勺形，手指自然分开，迎球的方向伸出，左脚同时迈出。在手指触球之后，手臂顺势向后撤，同时收肩，上体稍微向右后方转动。之后用左手帮助将球握于胸前。跳起用单手接高球时，可采用手指尖触球后顺势卷腕的手法，将球引到胸前成双手持球，如图3-6 所示。

图 3-6　单手接球

（3）跑动接球。在跑动中，脚尖朝着前进方向，上体侧转面向来球，双臂伸出主动迎接来球。

（4）摆脱接球。无球进攻队员利用脚步动作（如变向跑、转身、停步等）或者同伴的掩护摆脱防守后接同伴传来的球，同时采用相应的停步动作来衔接下一个攻击的动作。

（二）传接球的技术训练

1. 传接球技术训练方法

（1）原地徒手双手持球动作的模仿练习，该练习能够让运动者更好地体会不持球时正确做出双手持球的徒手模仿动作。

（2）两人为一组，一人原地传球，另一人向左、右、前、后移动做接球练习。两人相距4～6米，多次传接球练习之后相互交换。

（3）全场三人传接球练习。每传一次球都要通过中间人，在3人传球推进的过程中，应该保持好三角队形，中间人稍后，两边在前。

（4）迎面上步传接球练习。练习者排成纵队，教师持球距纵队5～7米。排头队员上步接教师传来的球并回传给教师，之后跑回队尾，接着第二名队员进行练习，以此类推。

2. 传接球技术训练的注意事项

（1）练习者在掌握动作规格的同时还应该养成良好的观察能力与判断能力，善于隐蔽自己传球的真实意图，并将假动作等个人战术行动与提高传接球技术进行有机结合。

（2）训练时应该狠抓传球的手法，先进行传平直球用力手法的训练，再训练传折线球的用力手法，最后训练高吊球（弧线球）的用力手法，并以三种传球路线交替进行训练。对于动作的规范与要领应该严格要求，从而促进练习者形成正确的传球手法，为更多篮球技术的学习与掌握奠定基础。[①]

二、运球技术

运球是指持球运动员在原地或者移动中用手连续按拍使球借助地面反弹起来的动作。运球技术是篮球运动员控制球、支配球、组织全队进攻配合以及突破防守的一种重要手段。

---

① 陈杰. 篮球运动教学理论创新与实战技巧研究[M]. 北京：中国原子能出版社，2019.

（一）运球的技术分析

1. 低运球

低运球时，两腿迅速弯曲，降低身体的重心，上体向前倾，球的落点在体侧，用上体与腿对球进行保护；用手腕与手指短促地按拍球的后上方，将球控制在膝关节的高度，两腿用力向后蹬，快速前进。拍球的部位是在球的后上方或者后侧方，如图 3-7 所示。

图 3-7　低运球

2. 高运球

高运球时，两腿微屈，上体稍微向前倾，两眼平视，以肘关节为轴，前臂自然伸屈，用手腕、手指柔和而有力地按拍球的后上方。将球的落点控制在运球手臂的同侧脚的外侧前方，球的反弹高度在腰与胸之间，如图 3-8 所示。

图 3-8　高运球

3. 运球急停急起

在快速运球中采用两步急停，降低身体的重心，手按拍球的前上方，使球停止运行；急起时，两脚应该用力向后蹬，上体急剧前倾并迅速启动，同时按拍球的后上方，人球同步快速前进，如图3-9所示。

图 3-9　运球急停急起

4. 运球体前变向

（1）运球体前换手变向运球。运球体前换手变向运球技术能够成功的关键就在于能否利用好体前变向的时间差。以右手持球变向换到左手为例，在变向前首先要压低重心，朝右方做假动作，此时左手在膝盖下方等球，当身体朝右方压低重心准备启动时，膝盖要近乎贴近地面，眼睛也要目视这个方向，以此达到最大限度地迷惑对方的目的，然后当身体启动动作呼之欲出之际右脚突然向左发力，身体重心也随之快速移动到左脚，右手放球于地，球弹起后左手接球并朝左边方向加速甩开防守人。

这种运球变向的方式大多在突破上篮时运用。

（2）运球提前不换手变向运球。以右手持球变向换到左手为例，在变向前首先要压低重心，朝右方做假动作，当身体朝右方压低重心准备启动时，膝盖要近乎贴近地面，此时朝右侧启动，迈出一步并运球一次后第二次运球放球时落地点在身体左侧，右脚向左蹬地，重心落至左脚，完成变向。

这种运球变向的方式大多在突破分球时运用。

5. 转身运球

当对手逼近时，持球队员不能用直线运球或者体前变向运球突破时，可运球转身技术摆脱防守。以右手运球为例，在变向时，左脚在前为轴，右手左后转身的同时将球拉到身体的后侧方并按拍球落在身体的外侧方，之后变换左手运球，加速前进，如图3-10所示。

图 3-10　转身运球

6. 胯下运球

以右手运球为例。变向时，左脚在前，右手拍按球的右侧上方，把球从两腿之间运到身体的左侧，之后上右脚，换手运球，加速前进。

7. 背后运球

当右手运球从背后换左手时，右脚前跨，右手将球拉到右侧身后，快速转腕按拍球的右后方，使球从背后反弹到左侧的前方，左脚同时向左前方跨步，换左手运球。

（二）运球的技术训练

1. 运球技术的训练方法

（1）原地进行高运球、低运球训练。左右手交替进行原地体前左右手变向运球。右手运球按拍球的右上方使球弹向左侧，左手按拍球使球弹向右侧。反复进行练习。

（2）原地进行胯下左、右运球训练。运球者右手持球加力使球从胯下自左反弹，左手迎引球后，再加力使球从胯下向右反弹回，依次两手交替运球。反复进行练习。

（3）原地进行体侧前后推拉运球训练。运球者两腿前后开立，运球手按拍球的后上方使球向前弹出，运球的手快速前移至球的前上方，按拍球使球弹回。反复进行练习。

（4）对抗运球训练。两人为一组，每人运一球，在保证自己的球不被对方打掉的前提下寻找机会打掉对手的球。另外还可以几个人在固定区域内同时进行训练。

2. 运球技术训练的注意事项

（1）运球训练时应该重点抓好运球基本功的训练，从而有利于运动员提高控制球以及支配球的能力。在运动员初步掌握运球动作之后，应该训练抬头的运球技术，用手感来对球进行控制，并养成运球时目视前方、观察场上情况以及屈膝的习惯。

（2）训练过程中应该牢抓运球的关键，同时结合多种熟识球性的辅助性训练，练好手上功夫与脚步动作的快速灵活性。还应该特别加强对水平较低队员的运球训练。

（3）在进行防守训练时，应该从消极防守到积极防守，在不断加强对抗的训练中不断提高队员的场上应变水平。

三、抢球、打球、断球技术

抢球、打球、断球都是具有很强攻击性的篮球防守技术，这是运用积极性防守战术的基础。随着篮球运动的不断发展，抢球、打球、断球技术在篮球运动中的应用也更加广泛。

（一）抢球、打球、断球的技术分析

1. 抢球技术分析

（1）拉抢。在拉抢之前，防守队员应该准确抓住对手的持球空隙部位，突然用两手抓住球之后猛拉，进而抢夺球权。

（2）转抢。在防守队员抓住球的同时应该迅速利用手臂后拉以及两手转动的力量，将球从对方手中抢夺过来。抢球过程中，为了加大夺球的力量，防守者可以利用转体的身体动作，让对方无法握球。如果抢球

未果，应该尽可能与对手造成"争球"。在转抢时，防守队员还应该做到动作的快速、准确、突然。

2.打球技术分析

（1）打掉对方手中的球。

1）打持球队员手中的球。在进攻队员接到球的一瞬间，没有对球进行很好的保护或者由于观察场上情况而失去警惕时，防守队员应该迅速上步打球。通常来讲，当进攻队员持球部位较高时，防守队员可采取由下而上的方法打球。打球时，掌心应该向上，手指与指根击球的下部。如果对方的持球较低，应该多采取由上而下的方法打球。打球时，掌心向下，用手指和手掌外侧击球的上部。同时，防守队员应该注意上步要迅速、突然。

2）打运球队员手中的球。以右手运球为例。在对方的运球队员向前推进时，防守队员应该用侧后滑步移动，用右手臂堵住运球队员左面，防止他向自己的右侧变向运球，左手臂干扰运球。在球刚从地面上弹起，还没有接触到运球队员的手时，应该及时用手指、手腕和前臂的力量从侧面将球打出，并及时上前抢球。注意干扰对方运球，从而创造出打球的机会，并及时上前抢球。

3）打行进间投篮队员手中的球 。当进攻队员运球上篮时，防守队员应该随进攻队员进行移动，当防守队员跨出第一步接球时，应该及时靠近，当进攻队员跨出第二步起跳举球时，迅速移动到他的左侧稍前方，用手从他的胸部向下将球打落。在打球时，防守队员的脚步应该伴随投篮队员进行移动，同时保持合适的距离，从而把握好打球的时机与打球的有利位置。

（2）盖帽。

盖帽时，防守队员应该注意降低自己身体的重心，快速移动并选择有利的方位，对对手起跳与投篮出手时间进行准确判断，及时起跳；起跳之后迅速伸展自己的身体，高举自己的手臂，当对方球出手时，用手腕动作将球拍出或者打掉。需要注意的是，防守者的手臂与身体应该充分伸展，用前臂、手腕、手指动作打球，动作要短促而有力。

3．断球技术分析

（1）横断球。打横断球时，运动员应该屈膝降低自己身体的重心，当球刚由传球队员手中传出的一瞬间突然起动，单脚或者双脚用力蹬地跃出，保持身体的伸展，两臂前伸将球截获。如果距离比较远，可以进行助跑起跳。在进行横断球时，运动员应该注意屈膝降低身体的重心，把握球出手时机要准确，用力蹬地，伸展自己的双臂来迎球。

（2）纵断球。当防守队员从接球队员的左侧向前断球时，左脚向左侧前方跨出半步，之后侧身跨右脚绕到接球队员的前方，右脚或者双脚用力蹬地向前跃出，保持身体的伸展，两臂前伸把球截获。在纵断球时，防守队员的微蹬地动作应该迅速而有力，伸展自己的身体并保持平衡。

（3）封断球。在进行封断球时，当持球队员暴露了自己的传球意图或者传球动作较大或较慢时，防守者可以在对方球出手的一瞬间突然进行起动，伸臂封盖或者将球截获。封断过程中，防守者应该注意掌握好断球时机，动作应该迅速而突然。

（二）抢球、打球、断球的技术训练

1．抢球技术训练

（1）2人为一组，相距1.5米，相对站立。一人双手持球于腹前，另一人按抢球的动作要求，突然止步将球抢夺回来。持球者由正常握球开始，不断加大握球的力量，使抢球队员体会和掌握拉抢和转抢的动作方法。在每人抢若干次后，攻守交换继续进行训练。

（2）原地抢球训练。2人为一组，持球队员在原地做投切结合的脚步动作，防守队员学习并体会抢球动作的要领。训练一段时间之后，互

换攻守。在抢球过程中，应该保持正确的防守位置，控制自己身体的平衡；抢球的动作应该果断，主要以小臂、手掌、手指短促动作突然抢球。

（3）抢空中球训练。3人为一组，一人持球与其他2人面对站立，相距3~4米，持球队员将球抛向空中，另外2名队员迅速起动、选位、起跳、抢球。

（4）抢地滚球训练。队员在端线两侧面对面站成两列横队。教练在端线中点向场内抛球，左右对应的2个队员快速冲向球，抢到球的队员向对面篮筐进攻，没有抢到球的队员进行防守，轮流进行训练。同时，为了提高练习者的反应能力，可以将两边的队员进行编号，在教练叫到某号时，两边同号的队员应该马上启动抢球，抢到球者进攻，没有抢到的进行防守。

2．打球技术训练

（1）接球时的打球训练。两人为一组，相距1.5米。持球人做出传球动作后，另一队员迅速上步打球，二人轮流进行练习。

（2）正面打运球队员的球的训练。在半场或者全场一攻一守的训练中，防守队员应该紧跟运球队员。当球刚从地面弹起时突然打球，2人轮流进行攻守训练。

（3）从背后抄打运球队员的球。2人为一组，一人进行持球突破，一人进行防守。在进攻队员持球突破的一瞬间，防守队员利用前转身上步，从运球队员身后，用靠近运球的手由后向前抄打球，之后进行上步抢球。2人轮流进行训练。

（4）抢篮板球下落时的打球训练。2人为一组站于篮下，一人把球抛向篮板，另一人跳起抢篮板球。在获得球下落转身时，投球者立刻上前打球。2人轮流进行训练。

四、抢防守篮板球技术

在抢篮板球技术中，抢防守篮板球的技术能够由守转攻，创造出快速反击的机会，从而更利于获得比赛的胜利。

（一）抢防守篮板球的技术分析

在篮下防守、进攻队员进行投篮时，要根据对方球员移动的情况与位置，运用上步、撤步以及转身等动作将进攻队员挡在身后，同时抢占有利的位置。在篮下抢位挡人时，一般采取后转身挡人的方式，降低身体的重心，两肘外展，从而抢占空间的面积，并保持有利的起跳姿势。

对于处于外围的防守队员抢篮板球，在进攻队员投篮、防守队员面向对手时，应该认真观察对方球员，通过合理的技术动作利用转身阻止对手向篮下的移动，同时抢占有利的位置，这是进攻队员需要做的几个方面。在起跳抢球时，两臂上摆的同时两脚前脚掌用力蹬地，身体与手臂尽可能向球的方向进行伸展，达到最高点时用单手、双手或者单手点拨球的方法来争抢。

（二）抢防守篮板球的技术训练

1. 抢篮板球技术的训练方法

（1）练习队员分别站成两列，根据口令进行徒手原地双脚起跳，进行单、双手抢篮板球动作模仿训练。

（2）队员持球向篮板或者墙上抛出后进行上步起跳，用双手或者单手在空中争抢反弹回来的球。

（3）练习队员分别站成两列并保持面对面，一步间距，2人一组进行训练。根据教师的信号，前排训练者进行前转身、后转身挡住后排训练者，多次训练之后进行交换训练。

（4）练习队员分别站成两列，每人一球向头上抛球之后起跳，双手或者单手进行空中抢球训练。

（5）抢占位置的训练。2人相距1米，对面站立，进攻队员运用假动作设法摆脱防守占据有利的位置,防守队员通过采取转身将攻方挡住,同时起跳模仿抢篮板球的动作。多次训练之后进行攻守交换。

2.抢篮板球技术训练的注意事项

(1)在抢篮板球技术训练过程中,练习者应该注意与其他技术相结合。

(2)抢篮板球的技术训练应该在战术背景下进行,同时应该结合战术进行训练。

(3)在抢篮板技术训练过程中,练习者应该强调抢篮板球技术的实战训练,加强抢篮板球的对抗训练,抢防守篮板球注重先挡人后抢球,抢进攻篮板球强调先冲抢占据有利位置之后再进行篮板球的争抢。

五、防守无球队员技术

(一)防无球队员的技术分析

在篮球技术中,防守无球队员的技术主要包括防接球、防切入以及防摆脱。

1.防接球

防守无球队员的首要任务就是防接球。防接球技术主要应该注意两方面的内容:一方面,应该积极采取行动去限制或者减少对方球员接触球,尤其是在有效攻击区内的接球;另一方面,在接球队员处于被动情况时,防守队员应该进行主动跟防、追堵,尽可能破坏对手的接球。

在防接球时,防守者应该使对手与球都处于自己的视线范围之内,做到"人球兼顾",并保持正确的防守姿势,屈膝降低身体的重心,方便随时向任何方向进行起动,特别应该注意起动与移动步法的衔接与平衡的控制,在动态过程中始终保持在对手与球之间偏向对手一侧的断球路线上,同时伸出同侧手臂形成"球—我—他"的钝角三角形的防守选位。

2. 防切入

防切入同样是一种防守无球队员的有效方法。防切入是指对进攻队员试图切入或者已经摆脱切入的防守。在防切入过程中，切记不可只看球而不顾人。防守队员应该始终遵守"人球兼顾、防人为主"的原则，让球与人始终控制在自己的视线当中。对方一旦有动作，应该采取凶狠顶挤、抢前等防守方法，让对方不能及时起动或者降低速度。如果对方迎球方向切入，就应该主动堵前防守，背对球方向则防其后，从而达到切断对手接球路线的目的。如果对手切入后没有得到球，就会在很大程度上降低对方进攻的威胁。

3. 防摆脱

防摆脱是防守无球进攻队员的一种重要方法，具体是指对无球进攻队员摆脱的限制与封堵。通常来讲，进攻队员在后场的摆脱主要是快下接球攻击，防守队员应该进行主动追防，同时注意传向自己对手的球，尽可能抢在近球侧的路线上堵截。在比赛当中，要完全控制进攻队员无球时的行动是非常困难的，因此抢占有利的防守位置就是防守无球队员的重点。

（二）防无球队员的技术训练

1. 防守无球队员的训练方法

（1）强侧、弱侧的防守训练。进攻队员在外围传球，可做摆脱接球动作，但不可穿插、掩护。防守队员应该根据球的位置进行相应的选位，积极防守摆脱接球，多次训练之后进行攻守的互换。防守队员应该根据球的情况适时调整防守的位置，从而做到人球兼顾以及正确的防守姿势。

（2）抢位与防底线突破训练。在防守者进行抢位以及防底线突破训练过程中，当前锋队员在限制区两侧 30°以下位置接球时，防守者应该卡堵其底线突破，抢防底线突破的位置，让对方不能够从底线进行突破。对方一接球，靠近底线的一只脚在前，并先堵死底线一侧。对方如果从底线进行突破，应快速滑步并结合堵截步将对方堵在底线外。训练过程中要求防守队员做到迅速到位。先卡堵死底线，之后及时结合滑步与堵截步抢位堵底线。训练过程中注意防突破，还应该认真防守对方的下一个变化技术动作。

2. 防守无球队员训练的注意事项

（1）防守队员应该防止对手摆脱接球，同时做到人球兼顾，准确判断并掌握球的队员以及其他进攻队员在场上的变化，从而便于及时采取相应的措施。

（2）当进攻者积极移动接球时，防守队员应该注意抢占有利的防守位置以及对方的移动路线，防止对方的接球。

（3）防止对手的摆脱接球，不能够让对手在其有效攻击区与篮下 4~5 米的区域内轻松接到球，还应该主动积极地阻截对手的移动接球。

第三节　篮球运动高难技术教学与训练

一、持球突破技术

持球突破是指持球队员将脚步动作、运球技术等相结合，迅速超越对手的一种攻击性技术。持球突破技术主要包括蹬跨、转体探肩、推按球以及加速等环节。

（一）持球突破的技术分析

1. 原地持球同侧步突破

以左脚做中枢脚从防守队员左侧突破为例。两脚左右开立，两膝微屈，降低身体的重心，持球于胸腹之间。进行突破时，上体积极前倾的同时，右脚迅速向右前方跨一大步，上体同时向右转，左肩向下压。左脚内侧用力蹬地，在左脚离地前，用右手推按球于右脚外侧前方，之后左脚迅速跨步抢位，快速运球超过对手，如图3-11所示。需要注意的是，起动动作应该突然，跨步、运球应该迅速而连贯，中枢脚离地前球要离开手。

图 3-11　原地持球同侧步突破的动作

2. 原地持球交叉步突破

以右脚做中枢脚从防守队员左侧突破为例。两脚左右开立，两膝微屈，降低身体的重心，持球于胸腹之间。进行突破时，左脚向左侧前方迈出一小步，将防守者引向自己左侧的同时，用左脚前掌内侧快速蹬地，向右侧前方跨出一大步，上体稍微向右转，左肩向前下压，身体的重心向右前方移动，将球推引到身体的右侧，用右手推按球于左脚右侧前方，接着右脚蹬地加速超越对手，如图3-12所示。需要注意的是，蹬跨动作要大而有力，转体探肩应该迅速。[①]

① 高峰. 现代高校篮球运动及其教学实践分析[M]. 北京：中国纺织出版社，2018.

图 3-12　原地持球交叉步突破的动作

3. 转身突破

（1）前转身突破。以左脚做中枢脚为例。突破前的准备动作与后转身突破一致。突破时将身体的重心转移到左脚，右脚脚前掌内侧蹬地，左脚为轴碾地，右脚随着前转身而向球篮跨步时，上体左转并压左肩。右手向右脚侧前方推按球，离手之后左脚蹬地，向前跨出突破对手。需要注意的是，身体的重心在突破过程中应该保持平稳，转身与突破动作之间应该紧密衔接。

（2）后转身突破。以左脚做中枢脚为例。背向球篮站立，双脚平行或者前后开立，两膝弯曲，降低身体的重心，双手持球于腹前。突破时以左脚为轴后转身，右脚向右侧后方跨步，脚尖指向侧后方，上体后转并压右肩。右手向右脚前方推按球，左脚内侧迅速蹬地，向球篮方向跨出，换左手运球快速突破防守。需要注意的是，身体重心在突破过程中应该保持平稳，转身与突破动作的衔接要紧密。

4．行进间突破

在快速移动中看到同伴传来的球时，应该迅速向来球方向伸臂迎球，同时用一只脚（侧向移动时用异侧脚）蹬地，双脚稍微离地腾起，向侧方或者前方跃出接球，形成与防守队员的位置差，两脚先后或者同时落地。落地之后，屈膝以降低身体的重心，保持身体平衡的同时注意护好球。摆脱移动、伸臂迎球和跨跳的衔接应该做到协调连贯；接球急停要稳健；突破起动应该迅速而突然，同时保护好球，根据防守位置运用交叉步或者同侧步突破防守。

（二）持球突破的技术训练

1．持球突破技术的训练方法

（1）有防守时的持球突破训练。

如图 3-13 所示，⑤向圆顶斜插并接④的传球进行突破，边退边防。④传球后，⑧到原⑤的队尾，依次连续练习。⑤进攻后去⑦的队尾，防守后则去⑥的队尾，接球者要主动迎上去，传球到位，突破时应该降低身体的重心，同时保护好球。

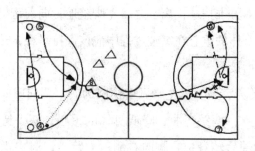

图 3-13　有防守时的持球突破训练

（2）无防守时的持球突破训练。

1）每人一球，进行原地持球交叉步与同侧步突破训练，通过该训练有助于练习者体会突破动作的技术要领以及身体各部位的协调配合。

2）接球急停突破练习。两人为一组，无球队员向有球同伴示意接球方向，之后移动接球急停做交叉步或者同侧步突破，轮流进行。

2. 持球突破技术训练的注意事项

（1）训练过程中应该积极培养运动员的良好突破意识，提高其场上的观察判断能力，掌握合理的突破时机，从而不断提高持球突破的能力。

（2）训练过程中应该注意技术动作的正确规范，让运动员学会两脚都能做中枢脚，以及明确规则对技术动作的要求。

（3）训练过程中应该培养顽强的场上作风，敢于在贴身紧逼中运用突破技术。同时，还应该有针对性地培养灵活的突破技巧，使练习者逐渐学会利用位置差、时间差、节奏变化以及假动作等方式，更好地发挥突破的作用与威力。

二、投篮技术

投篮技术是指在篮球比赛中进攻队员将球从篮圈上方投入对方球篮所采取的各种专门动作方法的总称。投篮技术是篮球运动发展的核心内容。

（一）投篮的技术分析

1. 原地双手胸前投篮

两脚左右或者前后站立，两腿稍微弯曲，前脚掌着地，上体稍微向前倾，眼睛注视瞄准点，双手五指保持自然张开，捏球两侧稍后部位，两拇指相对成"八"字形，用手指与手掌接触球，手心空出，持球于胸前，屈肘靠近身体。进行投篮时，两脚蹬地身体伸展，同时两臂向前上方伸出，两个拇指向前上方用力推送，手腕稍微外翻，使球从拇指、食指、中指的指尖投出，向后旋转飞行。

2. 原地单手肩上投篮

以右手投篮为例。双脚开立，两膝稍微弯曲，将身体的重心落在两脚之间，上体稍微向前倾，右手翻腕托球于右肩前上方，手指自然张开成球状，手心不要贴球，球的重心要落在中指与食指之间，左手帮助扶在球的侧下部，右肘自然下垂，腕关节放松；下肢蹬地的同时，右臂向前上方伸展，手腕向前扣动，手指拨球，将球柔和送出。手腕在出手后应该保持放松，手指自然向下，如图 3-14 所示。

图 3-14　原地单手肩上投篮的动作

3. 行进间投篮

（1）行进间单脚起跳单手低手投篮。以右手投篮为例。右脚跨出一大步，双手同时接球，用身体保护球，接着左脚迈出一小步制动的同时用力起跳，然后充分伸展自己的身体，右臂伸直向篮圈方向举球（手心向上），当举球手接近篮圈时，用向上挑腕和以中间三指为主地拨球动作使球通过指端投入篮筐，如图 3-15 所示。出手之后，双脚同时落地，两腿弯曲，从而起到缓冲的作用。

图 3-15　行进间单脚起跳、单手低手投篮

（2）行进间单脚起跳单手高手投篮。以右手为例。右脚跨出一大步的同时接球，接着左脚跨一小步并用力蹬地起跳，右脚屈膝上抬，同时举球至头上方，当身体接近最高点时右臂向前上方伸展，手腕前屈，食、中指用力拨球，通过指端将球投出。

（3）行进间勾手投篮。以右手投篮为例。接球或者停止运球之后，左脚向便于投篮的方位跨出一步并起跳，左肩靠近防守的队员，右腿顺势自然上提，眼睛注视篮圈，左手离球，右手持球向右肩侧上方伸出，举球到头的侧上方时挥前臂，以屈腕、压指动作通过食指、中指把球投进。

4. 原地起跳肩上投篮

以右手投篮为例。双手持球于胸腹之间，两脚左右（或前后）开立，两膝稍微弯曲，将身体的重心落于两脚之间，上体保持放松，眼睛注视篮圈。起跳时，两膝适当弯曲（两脚前后开立时也可上一步再做此动作），接着前脚掌蹬地发力，迅速向上摆臂举球并起跳，双手举球于肩上或者头上，左手扶球的左侧。当身体上升到最高点或者接近最高点时，左手离球，右臂向前上方伸展，同时突然发力屈腕，以食、中指拨球，通过指端将球投出，如图 3-16 所示。

图 3-16　原地起跳肩上投篮的动作

5. 运球、接球急停跳投

在运球急停或者接球急停投篮时，可采用跳步或者跨步急停的动作方法，双手在停步的同时随起跳持球上举，当身体接近最高点时辅助手离球，投篮臂向前上方伸直，手腕前屈，食、中指用力拨球将球投出。

（二）投篮的技术训练

1. 投篮技术的训练方法

（1）原地进行徒手模仿投篮技术动作训练，体会动作方法。

（2）原地徒手进行多种角度的投篮练习，体会瞄准方法。

（3）原地进行跳投模仿训练。

（4）原地徒手进行正面的定点投篮训练，投篮的手法要正确。

（5）两人为一组，相距4~5米进行对投训练。

2. 投篮技术训练的注意事项

（1）进行投篮训练时，练习者应该掌握正确的投篮技术动作，并在此基础上将投篮与摆脱防守、传球、接球、运球、突破、抢篮板球、脚步动作以及假动作等技术进行有机结合，从而培养篮球场上的应变能力。

（2）在战术背景下进行投篮训练，应该积极培养良好的配合意识，从而提高投篮技术的能力。

（3）练习者应该重视投篮时的心理训练，从而提升其投篮的命中率。通过比赛以及一些特殊的训练手段，提高自身的抗干扰能力，从而能够在一定的心理压力下达到较高的投篮命中率。

三、抢进攻篮板球技术

抢篮板球技术是指在空中拼抢投篮不中的球的技术动作。抢篮板球技术具体包括抢进攻篮板球与抢防守篮板球两种。

（一）抢进攻篮板球的技术分

处于篮下或者内线队员抢进攻篮板球，当同伴或者自己投篮时，靠近篮下的队员应该迅速对球反弹的方向进行判断，同时通过假动作绕胯挤到对方的身前，利用跨步或者助跑起跳跳到最高点进行补篮或者直接摘得篮板球。

图 3-17　抢进攻篮板球的动作

处于外线位置队员抢篮板球，在同伴进行投篮时，如果进攻队员面向球篮，首先应该观察判断球的反弹方向、速度以及落点，然后突然起动冲向球反弹方向进行补篮或者抢获篮板球。以从防守人身后左侧冲抢为例，当进攻队员面向球篮时，右脚向右侧跨步，向右侧做假动作，之后以左脚为支撑脚，右脚向左跨出一小步，将身体的重心转移到左脚，右脚立即向前跨步绕前，挤靠防守人，跳起抢篮板球或者补篮。

抢进攻篮板球的动作如图 3-17 所示。

（二）抢进攻篮板球的技术训练

1. 抢进攻篮板球技术的训练方法

（1）原地连续双脚起跳或者前、后转身跨步连续起跳，同时用单手或者双手触篮板或篮圈 10～20 次。练习过程中应该注意动作的连贯性。

（2）两人为一组，一人向篮板或者篮圈抛球，另一人以面向持球人的基本姿势站立，准备抢球，之后转身跨步（上步）起跳用单手或者双手抢球。

（3）两人为一组，站位于篮下两侧，轮流跳起在空中用双手将球托过篮圈，碰板传给同伴。需要注意的是，必须在跳到最高点时托球，两人都做完一次为一组，连续托球 15～30 组。

2. 抢进攻篮板球技术训练的注意事项

（1）该训练应该在战术背景下进行，并将抢篮板球技术与战术结合起来进行训练。

（2）抢篮板球技术与其他技术结合起来进行训练，抢防守篮板球与一传、运球突破技术相结合，抢进攻篮板球与补篮或二次进攻相结合进行训练。

（3）应该注重抢篮板球技术的实战训练，加强抢篮板球的对抗训练，抢防守篮板球应该先挡人后抢球，抢进攻篮板球应该先冲抢占据有利位置之后再抢球。

四、防守有球队员技术

（一）防有球队员的技术分析

1. 防运球

防守对方运动的目的主要是降低对方的运球速度，迫使对方改变其运球的方向，不让进攻队员向篮下运球，防止他在运球过程中进行突破。

一般情况下，为了不让对手运球超越自己，防守者应该与对手保持一臂左右的距离，双臂侧下张，两腿弯曲，在移动过程中始终保持正确的防守姿势，通过认真判断随时准备抢、打球。要想让自身的防守更加具备攻击性，也可采用贴近对手的平步防守，从而扩大防守的范围，增加对手完成动作的难度。在防守过程中，不应该用交叉步进行移动，应该用撤步与滑步，同时还应该抢在运球者的前面半步到一步距离进行阻挡，迫使对方向边线、场角或者双方队员比较拥挤的地方运球。当进攻者通过变速变向、急起急停等方法来摆脱防守时，防守者应该在其变换动作时及时抢前向后移动，占据有利的位置并控制好身体的平衡，快速变换自己的步法进行阻截。

2．防传球

当待球队员离球篮较远时，其主要意图是向中锋传球或者转移球。防守过程中，防守者应该根据对方的位置与视线判断其传球的意图，控制对方进攻性的传球。在进攻队员接球之后，防守队员应该选择正确的位置，保持适当的距离以及调整好身体的重心，眼不离球并保持精神的集中，根据对手的位置、动作以及视线判断其传球的真实意图，挥动手臂进行干扰或者封堵。防守者应该特别防范对手向内线渗透性的传球，尽量迫使对方向外进行转移性传球。如果进攻队员运球成"死球"时，应该马上上前逼近，封住对方的传球出手路线。在对手传球出手之后，应该做到人球兼顾，防止对方的摆脱切入。

3．防突破

防突破的主要目的是防守进攻队员的持球突破，它主要包括防背对球篮突破的持球队员与防面向球篮的持球队员两种类型。

（1）防守背对球篮突破的持球队员。这种防守方法主要用于近篮区背向或者侧向球篮接球的情况，防守者应该保持"你—我—篮"的有利位置，不要靠对手太紧，应该保持适当的距离。对方接球之后是两脚前后站立时，如果后脚能够做中枢脚转身突破，就应该对其转身一侧多加防范，与对方同侧的脚向后撤半步，手臂侧伸，另一手臂封锁住对手一侧；当对方转身变向突破时，防守队员应该随之向后撤，前逼、侧跨步阻截；对手在接球时如果两脚平行站立，就应该根据对手接球位置离篮的远近进行防守，距离比较近时以防投篮为主，而距离较远时应该以防突破为主。

（2）防守面向球篮的持球队员。位置的选择对于防守面向球篮的持球队员来说非常重要。防守者应该根据进攻队员接球的位置、与球篮的距离与角度、来球的方向以及同伴防守位置的情况，堵强放弱，放一边，保一边，让对方改变方向，变换突破的步法，降低起动的速度，从而有利于自己及时抢角度，通过撤步或者滑步让对方无法超越。

4. 防投篮

防投篮的根本目的在于防止对方投篮得分，因此防守者应该做到球到人到。一般防守者可以采取斜步防守贴近对手（一臂距离，能伸手打到球），同时举臂挥动，干扰进攻队员投篮的意图，迫使对方改变动作，同时用另一臂伸向侧方，防止对手的运突或者传球。准确判断对手是否要投篮，识别其真假动作，及时起跳伸直手臂进行干扰，封堵其出手角度，改变投篮的飞行弧线，降低其投篮命中率。对手投篮球出手瞬间手臂及时干扰和封盖，防守者的反应应该迅速，这是防守队员防投篮的关键所在。

（二）防有球队员的技术训练

1. 防守有球队员的训练方法

（1）防投篮训练。

1）将队员分为两排，教练带领队员进行防投篮的模仿动作训练。

2）2 人为一组。一攻一守，持球队员练习投突动作，防守队员练习干扰球与撤、滑步动作。

3）半场一防一训练。在前锋位置上摆脱防守得球后一打一，防守队员训练在接近比赛情况下的一对一防守能力。

（2）"二防三"防传球训练。

五人为一组，进攻队员成三角形站位相互传球，二人在中间进行防守，一个对持球队员进行防守。另一人一防二。一防二的人应该根据防持球人的防守站位与封球角度来选择一防二的防守策略。需要注意的是，防守队员应该正确选位，同时进行积极的场上移动。

2. 防守有球队员训练的注意事项

（1）防守者应该认真观察、判断持球者的真正意图，同时及时实施对应措施，让自己始终处于主动防守的局面。

（2）防守队员应该注意防守对方的直接突破。

（3）在对方传球之后，防守队员应该注意防对方的空切。当对方投篮后，应该挡住对方抢篮板球，同时积极防守篮板球。

第四章 篮球运动的战术教学与训练

篮球战术是篮球运动技能的重要组成部分，也是篮球运动训练的重要内容之一。篮球运动员在比赛中合理采用战术，可以充分发挥个人作用与集体力量，保证整体实力，从而制约对方，掌握主动权，获得更多的投篮机会。可见，篮球战术在篮球比赛中发挥着至关重要的作用，因此在篮球训练中，必须加强篮球战术的科学训练，提高运动员的篮球战术水平及运用能力。

第一节 篮球运动战术理论概述

一、篮球战术概述

（一）篮球战术的概念

篮球战术是篮球队员在比赛中有意识、有组织、有策略地协同运用技术进行攻守对抗的布阵行动，是在一定的战术指导思想和战术意识支配下的集体攻守方法。[①]篮球运动比赛中，运动员不管是采用进攻战术，还是运用防守战术，都应该建立在合理运用篮球技术的基础上。

（二）篮球战术的特征

现代篮球运动竞赛的竞争十分激烈，运动员需在高速度、高强度的环境下及时果断地采取相应的对抗策略，而且必须具备超强的体能。在这一现实背景下，篮球战术也呈现出新的特征，不管是数量上，还是质量上，都有了新变化，具体特征分析如下。

---

① 于振峰. 现代篮球战术学练设计[M]. 北京：高等教育出版社，2013.

1. 原则性和机动性

在篮球比赛中我们总能够看到制约和反制约、限制和反限制的情景，而且运动员不管采取什么战术行动，都是在这些情境下完成的。所以，一方面，篮球运动队必须事先确立一个统一的指导思想，所有队员都在这个思想的指导下协调配合行动，这样集体的优势力量才能发挥出来；另一方面，因为篮球比赛形势错综复杂，变化莫测，所以每个运动员都要具备良好的随机应变能力，但总体上来说必须遵循统一的原则和要求，在此基础上发挥个人的能动性和特长，这样才能牢牢把握战机，赢得胜利。

2. 进攻与防守的统一

现代篮球运动竞赛中，进攻与防守这对矛盾贯穿于整个比赛过程中，而且直接从运动员的战术行动中体现出来。进攻与防守这对矛盾双方在篮球战术中是共同存在的，即防守战术中含有进攻意识，进攻战术中含有防守因素，每一个战术都是兼具攻防性质的，这就形成了丰富多样的篮球战术。例如，在全场紧逼盯人防守中，局部夹击配合的防守战术会导致攻方出现失误，这就是攻击因素在防守中的体现；而在进攻战术的基础配合中，运动员随时都在准备争抢前场篮板球，同时注意后卫队员的及时后撤，这样就能维持攻与守这对矛盾的相对平衡。

3. 个体性和整体性的统一

通常，我们在篮球赛场上看到的战术都是以集体行动呈现出来的，但具体而言，赛场上每位篮球运动员的战术行动，一方面是其个体的具有个性化的活动，运动员的个性及其技术能力往往就是从其个体行动中反映出来的；另一方面，任何一名运动员的活动都不是孤立进行的，而是在同伴的协作配合下实施的。要想充分实现篮球战术的效果，仅仅依靠运动员的个人活动是不够的，即使其个人活动具有很强的创造性与实效性，也无法取得良好的整体战术效果，而只有依靠队员之间的协同配合才能将战术行动的价值充分体现出来，实现预期的战术目标。因此，篮球战术都是在个体活动中呈现整体协同特征的，这也反映了篮球战术个体性和整体性的统一。

篮球战术个体性与整体性的特征要求在篮球比赛中对整体与个体之间的辩证关系进行正确处理，而且在平时的篮球训练中，不仅要培养队员个人的技战术能力，还要注意集体力量的优化与提高。篮球明星的作用在现代篮球比赛中日益突出，也体现了个体性与整体性相统一的特征。

4. 多样性和综合性的统一

篮球进攻与防守战术的方法与手段丰富多样，而且在战术运用过程中也是比较灵活的，每个队多综合采用两种或两种以上的战术来达到攻防目的。

现代篮球战术随着篮球比赛激烈化程度的提高而不断更新与发展，具体体现为内容更加丰富，形式更加灵活。篮球运动员只有对多样化的战术形式与方法加以吸收与内化，并能够灵活、综合地加以运用，才能在比赛中完成战术任务，在面对各种临场情况时才能应对自如，才能更好地去争取比赛的主动权。篮球运动比赛中战术的综合运用主要体现在以下两个方面。

第一，篮球战术行动上的统一，即进攻与防守的统一。

第二，采用一种篮球进攻战术应对多种篮球防守战术；利用混合防守、综合防守的形式应对不同形式的篮球进攻战术。

综上可知，篮球战术行动具有多样性和综合性统一的特征。

（三）篮球战术的结构

以篮球运动的对抗性特点为依据，可以将篮球战术划分为进攻系统、防守系统、攻守转换系统三个大的系统。再以参与篮球战术行动的区域与人数为依据，进攻系统与防守系统中分别又有三个层次的行动，即个人行动、配合行动和整体行动，这些战术行动共同构成了完整的篮球战术系统网络。[①]

　　按照战术的性质，参与战术行动的区域与人数以及战术的作用，可以将复杂多样的战术划分为不同的类型，不同的战术类型都有自己明确的隶属关系，将这些关系网络化，我们便能够更加直观地了解篮球战术体系的结构，如图 4-1 所示。

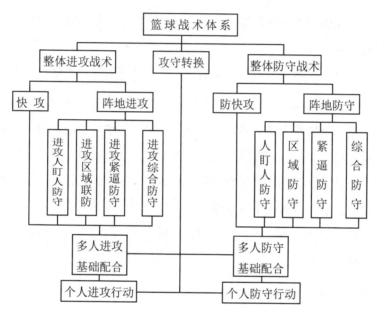

图 4-1　篮球战术的体系结构

二、篮球战术的攻防原理

（一）篮球进攻

1. 阵地进攻

　　在篮球运动比赛中，队员按本队既定的进攻战术配合方案，在合理进攻阵型落位的基础上向对方发起进攻，旨在获取得分的进攻方式就是所谓的进攻。

　　在阵地进攻中，进攻方要将本队的特长充分发挥出来，对对方的防

---

① 高峰. 现代高校篮球运动及其教学实践分析[M]. 北京：中国纺织出版社，2018.

守打法进行限制，要对本队的阵型落位进行合理控制与把握。一般以防守战术需要和本队特点为依据来安排与确定落位，主要就是贯彻"有利于发挥本队进攻威力"这一准则。

2. 反攻

由防转攻的进攻过程就是反攻（反击）。一般来说，抢获后场篮板球；制造对方失误或犯规掷界外球；抢、断对手的球等都是赛场上比较适宜的反攻时机。

反攻时，无球队员应以战术需要和临场情况的变化为依据而合理采取行动。如有的无球队员要选位接应，有的应当积极地选择跑向前场，总之无球队员要根据球、队友及对手的变化灵活地跑动与调整，采取有利于反攻的行动。而有球队员首先要观察前方有无已经跑向前场较好位置的本队队员，有则选择适宜的路线及时、快速传球，精确控制落点，完成快攻；没有或者快下队员位置不合理，则快速传出第一传，如若没有好的传球机会，就要快速向中路运球推进，同时寻找机会快速传球，使前场队员顺利接球。

（二）篮球防守

1. 阵地防守

在篮球比赛中，队员按本队已定的防守战术配合方案占据各自的防守位置，通过落位与调整落位来对对方的进攻进行抑制与阻碍的防守方法就是阵地防守。

在阵地防守中，防守方要将本队的防守特长充分发挥出来，严格限制对手的进攻。防守队员在站位的选择和调整中，要坚持"人球兼顾，以球为主"的原则，即以对手、球及球篮三者的关系为依据而及时调整位置，从而对进攻方造成威胁。

2. 封堵与退守

在篮球运动竞赛中，一旦进攻受到阻碍，就要防备对手的反击，因而需要进行封堵与退守，从而提高成功防守的概率。例如，投篮未进而被对手获得球权转攻为守时，对篮下获得篮板球的队员要封堵第一传，阻止其传球，使对方推迟发动快攻。而其他防守无球的队员应采用夹击接应队员或抢占合理位置快速退守。如果成功封堵与退守，并且抢断球，则开始进攻；若封堵失败，则迅速进入防守落位与调整阶段。

（三）篮球攻守转换

在篮球运动竞赛中，能否为进攻或防守取得优势，这与攻守之间的转换有直接关系，因而攻守转换在篮球比赛中非常重要，进攻与防守方都要重视对攻防转化时机的把握。从神经生理学的角度来分析，进攻时运动员大脑皮层的运动中枢关于进攻的技、战术条件反射无疑是处于兴奋占优势状态，当进攻结束时便会转换成六种起始状态的转换方式；在防守时运动员的条件反射无疑也处于另一方面兴奋、集中占优势状态，而当防守结束时便会换成另一种起始状态的转换方式。

以运动员在比赛中反映出来的状态为依据，可以将篮球运动攻守转换的类型划分为守转攻和攻转守两种类型，前者又包括被动转攻、主动转攻两种类型，相应的，后者包括被动转守、主动转守两种类型。

三、篮球不同战术行动的训练

篮球运动训练的主要任务是使全体队员对篮球战术知识与方法加以掌握，并能够在比赛中熟练运用战术，以提高运动成绩。篮球战术内容丰富，方法多样，而且较为复杂，因此在篮球战术训练中应注意循序渐进，系统地开展训练工作。总的来说，在篮球战术训练中需注意以下几个要点。

第一，引导运动员建立正确的篮球战术概念，使其对篮球战术方法加以掌握。一般在刚开始进行篮球战术训练时，采用分解与完整相结合的方法来指导队员，使队员先建立完整的正确的表象，然后进行篮球局部战术配合方法的训练，最后进行全队战术方法训练，使运动员逐步掌握篮球战术方法。

第二，使运动员对篮球攻守转换的技巧加以掌握，并能够综合运用篮球战术。一般来说，运动员至少掌握两种全队攻守战术方法后，才能结合比赛环境进行战术组合练习，以在实践中提高队员的攻守转换能力和战术运用能力。

第三，结合比赛组织篮球战术练习，促进运动员应变能力的提高。在开始比赛前，教练员需先将指导思想明确下来，将基本打法确立好，再针对战术提一些基本要求。比赛过程中，教练员认真指导队员的技战术行动，比赛后总结经验，吸取教训，提出改进策略。

（一）个人战术行动训练

1. 个人战术行动的原则

（1）树立全局战术观和全局意识。

（2）及时准确地判断赛场形势。

（3）在分析判断的基础上果断做出决策，采用合理的战术行动。

2. 个人战术行动的训练内容和方法

单纯进行个人战术行动的训练，效果往往都不明显，而且效率也比较低，因此要结合多人配合战术、整体战术来进行训练，在集体与整体背景下提高队员的作战能力和协作能力。战术行动离不开对技术的运用，所以个人采取战术行动的过程也就是发挥个人技术水平和提高个人技术实战能力的过程。

篮球战术训练的过程从某种程度上而言就是培养和提高个人战术行动能力的过程。多人配合战术行动和整体战术行动中都不同程度地融合了个人战术行动的内容，这从技术的运用中就能够体现出来。总的来说，针对个人战术行动进行训练时，需要贯彻与遵循一般运动训练的规律和原则，注重对队员战术意识的培养，促进其战术运用能力的提高。

（二）基础配合战术行动训练

1. 基础战术配合行动的层次

篮球基础战术配合行动是战术形式操作层次和心理层次的协调机制，这两个层次相互联系，缺一不可。如果队员之间只是将注意力集中在操作层次的协调上，而没有建立心理和感情方面的联系，就难以在复杂多变的比赛环境中灵活应对。

2. 基础战术配合训练的要求

突出重点、由易到难、循序渐进是篮球战术基础配合训练的基本原则。在具体训练工程中，要让运动员对战术配合的意义有一个清晰的认识，注重对其个人技术能力和多人之间协作能力的培养，在训练中要对多人之间的配合观念、配合时机、配合位置、配合方法等重点进行强调。当运动员将基本战术配合方法掌握后，要及时结合实战来进行训练，以促进其实战能力的增强，并为整体战术行动的训练奠定良好的基础。

（三）整体战术行动训练

1. 整体战术行动组织过程

一般来说，开始组织、配合攻击、结束转换是一个完整战术行动的三个基本阶段。这三个阶段是一个非常复杂的思维过程，运动员需要树立对抗观念、全局观念、时空观念和协同观念等才能在各个阶段中应对自如。

2. 整体战术行动的快攻

在进攻过程中，要想先发制人，往往需要采取快攻这一有效的武器，而快攻是否能够得到预期效果，主要看快速决策是否正确、移动是否快速，配合是否得当。

3. 整体战术行动中的防守

在整体战术行动中，单纯防守比较少见，攻击性防守较为普遍，防守的基本原则是以防人为主、人球兼顾。防守的重点对象是进攻中的队员，所以防守队员不管在什么位置，都要时刻观察进攻队员的动态，在观察与判断的基础上采取相应的行动来及时防守，而且注意在强侧和弱侧所采用的防守方法是不同的。

4. 整体战术行动的训练提示

在篮球整体战术行动的训练中，必须遵循一般训练的原则，先使运动员在消极对抗的条件下将整体战术阵势、配合路线与方法熟练掌握，再在积极防守的条件下培养运动员的战术运用能力。

第二节　篮球运动进攻战术教学与训练

一、进攻基础配合战术训练

（一）二人传切配合

1. 训练目的

（1）对两人传切配合的方法加以掌握，促进运动员传切配合意识与能力的提高。

（2）通过传切配合创造良好的投篮机会。

（3）为全队战术的运用奠定基础。

2. 训练方法

（1）如图 4-2（a）所示，每组两人一球进行练习，①成功上篮后排在②组队尾，队员②完成抢篮板球后排在①组队尾，如此反复练习。

（2）将全体队员分成两个大组，第一大组是后卫和前锋组，第二大组是中锋组，每组两人一球进行练习。每次练习后两人交换位置重复练习。

前锋与后卫队员的传切配合练习如图 4-2（a）和图 4-2（b）所示；前锋与同侧内中锋的传切配合练习如图 4-2（c）所示；内、外中锋的传切配合练习如图 4-2（d）所示。

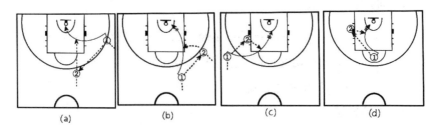

图 4-2　二人传切配合示意图

（二）三人两球传切配合

1．训练目的

（1）对横切、纵切的方法加以掌握。

（2）促进队员观察能力和配合能力的提高。

（3）加强训练密度。

2．训练方法

如图 4-3 所示，队员①和②各持一球，①向③传球后摆脱纵切将②的传球接住并上篮，②传球后摆脱横切将③的传球接住并上篮，①、②上篮后自抢篮板球，然后互相交换位置排到队尾，③先固定传球，其他队员分成两个组，每组队员各持一球排在①和②位置上进行练习，然后轮换练习。

在刚开始练习的阶段，可以不加防守，待熟练一段时间后再进行防守配合练习。

图 4-3　三人两球传切配合示意图

（三）交叉空切

1. 训练目的

（1）对交叉切入配合的方法加以掌握，促进配合意识和默契度的提高。

（2）通过交叉空切配合创造篮下投篮机会。

为全队战术的运用奠定基础。

2. 训练方法

如图4-4所示，全队3人一组，每组1球进行练习（图中均为两名前锋和一名后卫的配合），前锋队员①通过后卫队员②将球传给前锋队员③，③接球时，①以尽可能快的速度空切，②紧随①交叉切入，③向①或②传球上篮，①、②抢篮板球后排到队尾，如此反复进行练习。

图4-5为后卫队员②接球后，两名前锋队员①、③交叉切入接球上篮的训练示意图。

 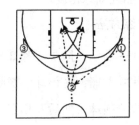

图4-4　交叉空切配合　　　　　图4-5　交叉切入接球上篮

（四）运球给无球队员做侧掩护的配合

1. 训练目的

（1）对运球给无球队员做掩护的配合方法进行掌握，促进队员配合意识和能力的提高。

（2）通过侧掩护为无球队员摆脱接球创造机会。

2. 训练方法

如图4-6（a）和图4-6（b）所示，每组两人，队员②运球给①做侧掩护，并向①传球，①接球后以最快的速度突破上篮，此时②转身下顺或冲抢篮板球。两名队员互换位置进行练习，先在右侧练习，然后在左侧练习。

在练习过程中，可以先安排一名防守队员对无球队员进行防守，然后慢慢增加防守队员的人数，提高训练难度。

图 4-6　运球给无球队员做侧掩护

（五）侧掩护运球突破上篮

1. 训练目的

（1）对侧掩护方法加以掌握，把握配合时机，促进队员配合意识与能力的提高。

（2）通过侧掩护创造突破机会。

2. 训练方法

如图 4-7（a）和图 4-7（b）所示，队员①持球，防守。队员②为①做侧掩护，①以最快的速度突破上篮，②转身冲抢篮板球，①②互换位置重复练习。

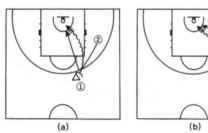

图 4-7　侧掩护运球突破上篮

一般先从右侧开始练习，然后从左侧练习。

二、进攻半场人盯人防守战术训练

下面以单中锋 2—3 落位进攻法为例来解析进攻半场人盯人防守战

术训练方法。

（一）空切进攻法

1. 训练目的

（1）提高队员通过空切寻找攻击机会的能力。

（2）培养队员结合中、远投破坏对方防守的战术意识。

2. 训练方法

如图 4-8（a）所示，后卫队员②给前锋队员③传球后，空切篮下，③接球后再传给②投篮。如图 4-8（b）所示，如果②错过接球机会就移动到左侧，③继续给后卫队员①传球，④迅速空切篮下，①接球后再给④传球，使其投篮。

如图 4-8（c）所示，如果后卫队员②错过了给③传球的机会，则向右侧移动，中锋队员⑤上插外中锋位，这时④在左侧摆脱接球，①可给⑤或④传球。如果是⑤接球后投篮，②、④冲抢篮板球，后卫①和前锋③保持攻守的平衡状态。

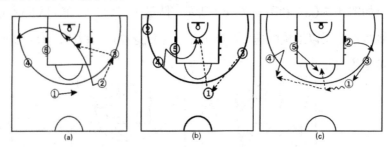

图 4-8　侧掩护运球突破上篮

（二）连续空切进攻法

1. 训练目的

（1）提高前锋队员和后卫队员通过连续空切寻找攻击机会的能力。

（2）提高队员的空切技术水平和灵活性。

2. 训练方法

如图 4-9（a）所示，后卫队员②给③传球后空切，③接球后回传给

②，②接球投篮。

如图4-9（b）所示，如果②没有接球机会，向右侧内中锋位置移动，③给外线队员①传球，②掩护①，①接球后从底线空切篮下并传球给②，②接球投篮，如果③没有机会，则从右底线向左前锋位置迂回，左侧内中锋⑤掩护④，④从上线空切到篮下，接①传来的球并迅速投篮。

如图 4-9（c）所示，如果④没有找到空切的机会，则向右前锋位置迂回，②上提形成2—3落位，然后按上述方法重新开始进行连续空切训练。

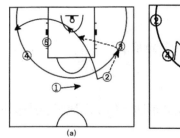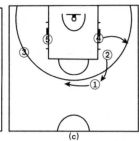

图4-9　连续空切进攻示意图

（三）外线运球掩护结合中锋插中策应进攻法

1. 训练目的

（1）提高内外线队员、左右侧队员进攻配合的能力。

（2）引导队员有层次地进攻。

2. 训练方法

如图4-10所示，②一边运球一边掩护③，并给③传球，③接球后找准时机跳投或突破上篮，或将球传给左侧内中锋队员⑤，⑤迅速上插外中锋位置接③传来的球，与③策应配合。⑤接球后如果找不到机会与③配合，则转身跳投或突破上篮，然后将球传给左侧队员④，④可迅速空切篮下接球。

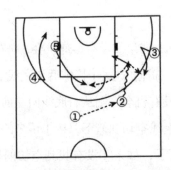

图4-10 外线运球掩护结合中锋插中策应进攻

三、进攻区域联防战术训练

（一）进攻 2-1-2 区域联防

1. 1—2—2 内、外双中锋落位底线掩护进攻法

（1）训练目的。

第一，使队员能够利用 2—1—2 联防队形防守的薄弱地区创造篮下投篮机会。

第二，提高队员连续性进攻的能力，提高中锋和前锋队员的灵活性。

（2）训练方法。

1—2—2 落位进攻 2—1—2 联防的队形如图 4-11（a）所示。后卫队员①给左侧内中锋队员⑤传球，⑤在右前锋队员③的行进间掩护下溜底线，到达右侧前锋位置接球，接球后转身与球篮相对。

如图 4-11（b）所示，⑤持球与球篮相对时，可以给右前锋队员③传球，在篮下一打一。如果⑤没有机会给③传球时，③迅速跑向左侧，拉空右侧篮下，⑤可以给中锋队员④传球，④突然纵切接球并投篮。

如图 4-11（c）所示，如果④没有接球的机会，⑤可以给①传球，此时③上插外中锋位置，①接球后视机会回传，或者给②传球。②接球后传给⑤，在④的掩护下，⑤向篮下左侧空当切入接球并投篮。

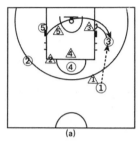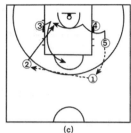

图 4-11 1—2—2 内、外双中锋落位底线掩护进攻

2. 1—3—1 落位内、外双中锋空切进攻法

（1）训练目的。

第一，使队员学会运用联防薄弱地区创造攻击机会。

第二，促进内线队员篮下攻击能力的提高。

（2）训练方法。

图 4-12（a）、图 4-12（b）、图 4-12（c）是 1—3—1 落位进攻、2—1—2 联防的队形。在图 4-12（b）中，后卫队员①给外中锋队员④传球，④转身与球篮相对，左侧内中锋队员⑤摆脱横切，④给⑤传球，⑤投篮。倘若⑤没有机会接球，④则给左侧前锋队员②传球，此时左侧内中锋位置已拉空，②回传球，④纵切接球投篮。

如图 4-12（c）所示，②给①回传球，①给④传球，④上插外中锋位置接球，然后给⑤传球，⑤横切接球上篮。如⑤没有接球的机会，④给右前锋队员③传球，③回传，④纵切接球投篮。②、④、⑤积极抢篮板球，①、③之间维持攻守平衡的状态。

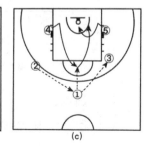

图 4-12 1—3—1 落位内、外双中锋空切进攻

（二）进攻 3-2 联防

1. 1—3—1 落位穿插空切进攻法

（1）训练目的。

使队员学会利用 3—2 联防队形防守的薄弱地区，通过穿插移动创造投篮机会。

（2）训练方法。

如图 4-13（a）所示，外中锋偏右侧落位，这样右侧在落位队形上形成了以多打少的阵式。队员③、④、⑤进攻，△3、△5 防守，或者①、③、④、⑤进攻，△1、△3、△5 防守。如果 △4 上提对④进行防守，那么 △2 要对整个左侧进行防守，此时①给②传球，在左侧形成一打一的局面。

如图 4-13（b）所示，△3、△4 共同对④进行防守，①给③传球，△3 对③进行防守，这时③给⑤传球，⑤回传球，③在④的掩护下向篮下切入并接球投篮。如果③没有接球的机会，则在④的掩护下移动到左侧，此时⑤传球给④，④向篮下切入接球并投篮。

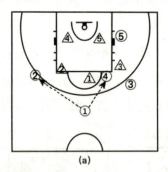 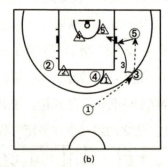

图 4-13　落位穿插空切进攻

2. 2—3 落位中锋插中进攻法

（1）训练目的。

在 3—2 联防中，防守队员以外线为重点防守区域，此时可培养队员打内线的技术能力。

（2）训练方法。

如图 4-14 所示，后卫队员①、②在弧顶传球，此时防守队员重点对外线队员进行封堵，因此可以吸引 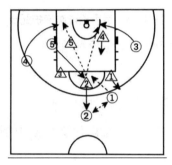 、 迎上防守。这时内中锋队员⑤突然上插外中锋位置接球转身投篮，然后准备向④或③传球。如果底线的防守队员 或 补防，那么④或③可乘机迅速向篮下空切接球并投篮，③、④、⑤抢篮板球。

图 4-14　落位中锋插中进攻

第三节　篮球运动防守战术教学与训练

一、防守基础配合战术训练

（一）运用抢过防掩护配合

1. 训练目的

（1）对"抢过"配合的方法加以掌握。

（2）促进运动员"抢过"意识和技术能力的提高。

2. 训练方法

如图 4-15 所示，进攻队员①给②传后，掩护队员③， 迅速从③和①中间挤过对③进行防守。②给③传球。③给①传球后掩护②，防守②的 从②和③中间快速挤过继续对②进行防守。

进行几轮练习后，攻守角色互换继续练习。

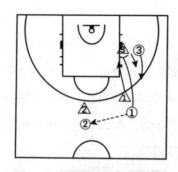

图 4-15 运用抢过防掩护配合

（二）运用抢过防运球掩护配合

1．训练目的

（1）对"抢过"配合的方法加以掌握。

（2）促进运动员"抢过"意识和技术能力的提高。

2．训练方法

如图 4-16 所示，4 人一球进行练习，4 名队员两攻两守，进攻队员①一边运球一边掩护②，②从①和②中间快速"挤过"对②进行防守。进行几轮练习后，变化攻守角色继续练习。

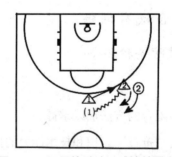

图 4-16 运用抢过防运球掩护配合

（三）运用绕过破坏掩护

1．训练目的

对绕过破坏掩护的配合方法加以掌握，促进队员绕过防守技术和默契度的提高。

2．训练方法

如图 4-17 所示，每组 4 人，两攻两守，进攻队员①给固定传球队员③传球后掩护②，②向中间移动准备接③的传球， 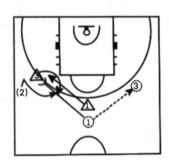（此处符号）在抢过失败的情况下从①和（符号）身后绕过继续对②进行防守。

防守的一方防守成功后，攻、守方交换角色继续练习。

图 4-17　运用绕过破坏掩护

（四）运用换防破坏内中锋与前锋掩护配合

1．训练目的

（1）前锋队员和中锋队员对换防方法加以掌握，从而将内中锋与前锋的掩护配合计划打破。

（2）促进队员换防意识与技巧的提高。

2．训练方法

如图 4-18 所示，每组 4 人，两攻两守，固定传球队员③持球，异侧前锋队员①溜底线，内中锋队员②对①进行定位掩护，①外拉做好接球准备，对②进行防守的（符号）立即绕出换防，对①进行防守，而（符号）近身紧紧防守②，阻止其接球。

防守方防守成功后，攻守角色互换继续练习。

（五）防内中锋向另一侧内中锋位置移动策应

1．训练目的

对防策应配合的方法加以掌握，促进队员防策应配合能力的提高。

2．训练方法

防内中锋向另一侧内中锋位置移动策应的练习方法如图 4-19 所示，因为中锋移动距离比较短，攻守方之间的对抗十分激烈，因此防守时需对身体力量合理运用，力争对有利位置的抢夺。

图 4-18　运用换防破坏内中锋　　图 4-19　防内中锋向另一侧内中锋
　　　　　与前锋掩护配合　　　　　　　　　　位置移动策应

（六）防后卫与外中锋策应交叉空切配合

1．训练目的

对换人破坏后卫队员交叉空切的方法加以掌握，促进队员配合意识与技巧的提高。

2．训练方法

如图 4-20 所示，后卫队员①向外中锋策应队员③传球后交叉空切，负责对①、②进行防守， △ 、 ② 稍微向后撤，以此来阻止对手突然空切，同时也是为了及时换防。换人后 △ 、 ② 在近球侧跟防移动。

图 4-20　防后卫与外中锋策应交叉空切配合

外线队员每组 4 人一球进行练习，两攻两守，防守方成功防守后，攻守双方角色交换重复练习。

（七）全场夹击配合

1. 训练目的

（1）对全场夹击配合方法加以掌握，促进队员夹击配合意识和技术能力的提高。

（2）打好基础，以便之后更好地采用区域紧逼防守和全场紧逼防守战术。

2. 训练方法

如图 4-21 所示，进攻队员①向前场运球，△ 迫使①走边路，并使其在中场边角停球。这时 ② 迎上防守，与 △ 形成夹击。

经过几轮练习后，攻守双方互换角色进行练习。

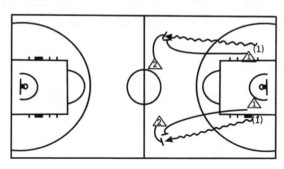

图 4-21　全场夹击配合

二、半场人盯人防守战术训练

（一）半场三防三的协防练习

1. 训练目的

（1）对以球为主，"球—人—区"兼顾的防守方法加以掌握，并能够熟练运用该防守技术。

（2）对协防时的选位技巧加以掌握，促进队员协防能力的提高。

2．训练方法

如图4-22（a）所示，①、②、③为进攻队员，防守队员 △1 、△2 防后卫队员，△3 防前锋队员。当②持球时，△2 平步紧逼②，△1 、△3 协助防守。△1 主要是对①进行防守，△3 主要是保护篮下，对③进行防守。

如图 4-22（b）所示，①持球时，△1 平步紧逼①，△2 、△3 协助防守，二者分别对②、③进行防守，避免其掩护配合。

如图4-22（c）所示，③持球时，△3 平步紧逼③防守，△1 、△2 协助防守，二者分别对①、②进行防守，避免其掩护配合。

图4-22　半场三防三的协防练习

（二）半场四防四的协防练习

1．训练目的

（1）使队员对以球为主，"球一人一区"兼顾的防守方法进一步加以掌握并能够熟练运用。

（2）促进队员选位和协防水平的提高。

（3）为全场人盯人防守战术的使用奠定基础，做好准备。

2．训练方法

①、②、③、④为进攻队员，其中①、②是后卫，③、④是前锋，这四名队员分别由防守队员 △1 、△2 、△3 、△4 防守。

如图4-23（a）所示，当②持球时，△2 紧逼防守②，△1 、△4 协助 △2 ，分别对①、④进行防守，△3 负责保护篮下，防止③横切和掩护配合。

如图 4-23（b）所示，当③持球时，△3 紧逼防守③，△1 协助 △3 ，并对①进行防守，防止其接球、纵切以及打掩护配合。 ②、④ 主要负责保护篮下，防守②和④，防止其打掩护配合。

如图 4-23（c）所示，当④持球时， ④ 紧逼防守④， ② 协助 ④ ，并对②进行防守，避免其接球和打掩护配合， ①、③ 主要负责保护篮下，对①、③进行防守，避免其打掩护配合。

当进攻队员互传球时，防守队员快速移动，选择合理的位置进行紧逼防守和协助防守。

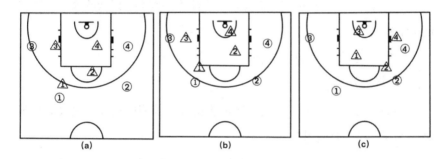

图 4-23　半场四防四的协防练习

（三）半场五对五人盯人防守的练习

1．训练目的

（1）使队员在实战中对半场人盯人防守的方法加以掌握。

（2）促进队员个人和全队防守能力的提高。

2．训练方法

半场五对五防守练习中，安排 5 名进攻队员，5 名防守队员，7~8 米防区，防守队员在遵循防守原则的基础上采取有效的防守方法连续进行 3~5 次的防守，然后交换攻守角色继续进行练习，看哪一方防守成功的次数多。具体方法可参照半场三防三和半场四防四练习。每位队员都要明确自己的任务和目标，合理选择站位，及时调整战术，相互协调配合好。

三、区域联防战术训练

（一）对位联防练习

当进攻方采用2—3的双中锋落位时，防守方应采用相应的对位联防战术，即2—3落位的对位联防。

1.训练目的

（1）对对位联防的防守方法加以掌握，并能够熟练运用。

（2）促进队员个人和全队整体防守能力的提高，促进队员防守配合能力的提高。

（3）突出本队的打法风格。

2.训练方法

如图 4-24（a）所示，后卫队员①持球，前锋队员③从底线向有球侧横切时，③要紧逼防守。

如图 4-24（b）所示，当后卫队员②向有球侧斜插时，②也要紧逼防守到底线。

如图 4-24（c）所示，当后卫队员①和②互换进攻位置或在外线掩护时，①、②可换人。

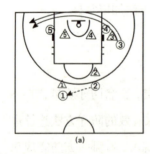  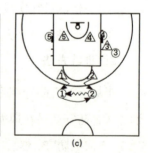

图 4-24　对位联防练习

（二）后卫与前锋防守时的跟防与交换练习

1.训练目的

（1）后卫队员和前锋队员对跟防与交换防守的方法加以掌握，并能够熟练运用。

（2）促进队员跟防与交换防守能力的提高。

2. 训练方法

如图 4-25 所示，固定传球队员②持球，①移动到底角，③移动到上线，这时 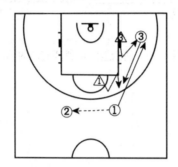（此处为图中符号）、 分别跟防①和③，在防区的交界处， 、 迅速交换防守，即由 防守③， 防守 。

图 4-25　后卫与前锋防守时的跟防与交换练习

（三）防后卫队员斜插底角的练习

1. 训练目的

（1）使队员对防后卫队员斜插底角时跟防与换防的方法加以掌握，并能够熟练运用。

（2）促进队员防守意识和能力的提高。

2. 训练方法

如图 4-26 所示， 主要通过跟防来加强防守。当①给②传球并斜插向有球侧底角时， 随时跟防①，以免形成以多打少的局面。练习时，内中锋队员③和前锋队员②是固定进攻队员， 和 是固定防守队员，其他队员两人一组共用 1 球，在后卫进行防斜插的跟防练习。

如图 8-47 所示，后卫队员①给③传球后，斜插向无球侧底角时， 应先跟防，然后在与 的防区交界处交给 来防守， 则加强对 原来防区的防守，即重点防守②。

篮球教学实践与创新教学探究

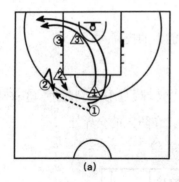 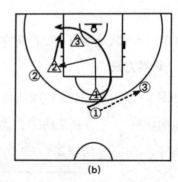

(a)　　　　　　　　　(b)

图 4-26　防后卫队员斜插底角的练习

第五章　篮球运动专项身体素质训练

第一节　篮球运动专项力量素质训练

一、篮球运动力量素质的分类

由于篮球运动对抗激烈，所以力量素质是篮球体能素质中的首要素质，对其他素质的发展也起着重要作用。篮球力量素质的提高，有助于提高其他素质的水平，同时，对于提高篮球技术、战术水平也有极大的推动作用，在篮球比赛中，任何技术动作与战术配合的完成都离不开力量素质。力量素质的发展，是篮球运动员的专项对抗能力、专项速度、专项技术掌握和完善的基础和保障。而且对于防止肌肉拉伤和意外事故的发生具有预防作用。同时对提高高校学生的心理素质、增强拼搏精神具有保证作用。总之，力量素质提高对篮球运动有着非常大的意义。[①]

按不同的分类标准，可将篮球力量素质分成不同的种类。力量种类不同，其训练的原理和方法也不尽相同。按运动时肌肉克服阻力的表现形式，可把力量素质分成最大力量、速度力量、力量耐力等。

（一）最大力量

最大力量也称绝对力量，是指无论体重大小，身体或身体某一部分肌肉克服最大阻力的能力。随着肌肉体积的增加，最大力量一般也会得到相应的提高。

（二）速度力量

速度力量是指肌肉在运动时快速克服阻力的能力。速度力量是力量

---

① 卢文超. 高校篮球运动教学与战略训练[M]. 北京：九州出版社，2015.

和速度有机结合的一种特殊力量素质。速度力量最典型的表现形式就是通常所说的爆发力。爆发力要求学生在运动时，在尽可能短的时间内，爆发出尽可能大的力量。肌肉在运动时克服阻力的过程中，阻力越大，速度越慢。

（三）力量耐力

力量耐力是指肌肉长时间克服一定阻力而保持准确有效工作的能力。

如果按肌肉在克服阻力时的收缩形式分类，可分为静力性用力（等长收缩）和动力性用力（等张收缩）两种。

二、篮球运动力量素质的特点

对于篮球运动员来说，全面发展力量素质是保证完成各项技术动作的基础，它要求运动者的上肢、下肢、腹部和背部肌群均衡发展。在 40 或 48 分钟的比赛中，不管是对运动员的奔跑能力、跳跃能力还是对抗能力都有很高的要求，也就是说，对肌肉速度、肌肉力量和肌肉耐力都有很高的要求。

人体要发挥最大力量和最大爆发力，是通过各运动环节、各工作肌群间的协调配合与共济用力的综合结果。要让运动者跑得快、跳得高、对抗强度只是训练腿部肌肉或主动肌是不够的，应对影响躯干力量的腰腹肌和背肌、对抗肌和协同肌进行加强训练，因为这些肌群对篮球运动员的体能与比赛能力都非常重要。

三、篮球运动力量素质训练的要求

（一）力量训练的系统观和整体观

（1）人体力学认为，人体要发挥最大力量和产生最大爆发力，单一环节的力量是远远不够的，它是各运动环节、各种功能和作用肌群间的协调配合、共同用力的综合结果。跑得快、跳得高等都是由一系列肌肉共同参与的，而不是某一肌肉或肌肉群单独工作的结果。因此，树立力量共同发展的整体观，不仅要发展主要肌群，而且还要发展小肌肉群的力量。此外，人体的躯干力量（腰腹肌和背肌）也不应该被忽视，因为这对篮球运动员也是特别重要的。

（2）训练学的理论认为，力量训练应坚持系统性。因为力量的增长与系统训练有关，训练了就增长，停止了就消退。间隔时间是系统训练的关键问题，因此，力量训练的计划性、系统性和连续性（不间断性）是训练中核心问题。

（3）篮球项目的特征也需要运动员具备全面的力量素质。现代篮球运动中，高大运动员越来越多，他们需要一定的最大力量来维持庞大的身体进行运动，同时，篮球又是准确类项目，小肌肉的敏感性也十分重要，要全面发展篮球技术和战术，就要全面发展运动员的力量。

（二）篮球力量训练阶段性任务

确定力量训练的目标、内容、方法应根据力量发展的各阶段而定，以满足运动员发展的不同阶段对不同种类力量的需要，有助于最合理地提高运动成绩。

1. 基础阶段力量训练

一般来说，制定任何一个力量训练计划，都应从基础阶段开始，它是整个力量训练的准备阶段。其目的主要是全面提高各部肌肉的健康水平和负荷收缩能力，为以后难度更大的专项训练打下全面基础。因此，应安排一个包括所有肌肉群都参加的全面力量训练计划，以保证肌肉、肌腱、关节韧带能接受接踵而来的艰苦而紧张的训练任务。在这个阶段应采取多种形式的练习。训练负荷从小到适中，逐步增加，持续时间可安排为 2~4 周。值得注意的是，青少年运动员以及力量训练基础较薄弱的运动员基础阶段应该长一些。通过该阶段的训练后，一方面为后继训练做好准备和奠定基础，另一方面是可以减少以后训练中的运动损伤。

2．提高最大力量阶段

第二阶段是提高最大力量阶段，提高肌肉克服最大阻力的能力。竞技运动的力量训练，要求爆发力，又要求力量耐力。篮球运动要求的爆发力和力量耐力这两种力量都与最大力量密切相关。最大力量发展不够，爆发力便不能达到很高的要求。因此，在这一阶段的目标应当是将最大力量发展到运动员所能达到的最高水平。篮球运动员最大力量训练阶段的持续时间为 2 个月左右。最大力量训练不是篮球运动力量训练的目标，它是为快速力量和弹跳力服务的。

3．全面发展阶段

根据篮球运动的需要和特点，训练获得最大力量必须转变为专项所需要的爆发力或快速力量耐力。应通过专门训练方法，使最大力量为掌握完善专项技术服务。篮球运动需要爆发力与快速力量耐力两种力量成分同时得到发展，在训练的时间和方法安排上，应体现出两种练习的合理比例，也就是要以爆发力为主，以快速力量和耐力为辅。最大力量的转变阶段则应开始于提高阶段的后期，并持续到比赛阶段的开始。

4．保持阶段

保持阶段的主要任务是保持前面各阶段中已经获得的力量训练水平。该阶段的力量训练计划可根据篮球专项运动特点的要求、运动员的运动技能和力量训练水平，选择 2 ~ 4 种练习。根据比赛期的任务安排力量训练计划，着重发展和激活专项动作的主动肌群、上肢的下压力量（抢篮板球）、膝关节的屈伸肌群、踝关节肌群、躯干肌群。保持已经获得的力量训练水平，并为在整个比赛期中发挥作用做进一步努力。

5．过渡阶段

在篮球力量训练的过渡阶段，其主要任务是消除疲劳，进行全身各部肌肉的营养性训练。

（三）重复性

篮球运动员在承受大负荷的力量训练中，必须多次数、多组数反复进行大负荷的练习，以增加对肌肉刺激的深度。大负荷次数或组数不足只能保持原来的水平，从而无法提高力量素质能力。发展力量素质最根本的目的是使运动员承受大负荷，在数量上不断积累，由增加次数或组数的不适应到适应，再增加负荷由不适应到适应，使运动员力量素质逐步发展。

（四）符合专项特点

这种特点包含两个方面：第一，在篮球力量训练过程中，要力求选择与篮球运动技术、结构相一致的动作方法；第二，要把运动员的一般运动素质转化为篮球运动员的专项力量能力，即跑跳能力和对抗能力。

四、篮球运动力量素质的训练方式

（一）篮球运动最大力量素质训练的主要方式

篮球运动员的最大力量训练要根据肌肉收缩原理，提高骨骼肌的收缩力，其收缩能力受到参加工作的运动单位、神经冲动频率和强度的影响。运动单位的肌纤维分布在整个肌群内，一个运动单位受刺激时，运动单位内所有的肌纤维都会引起收缩。参加肌肉工作的运动单位越多，肌肉收缩力越大。

在高校学生发展最大力量训练时，一般采取两条途径：第一种是通过增大肌肉生理横断面增加肌肉收缩力量；第二种是改善肌肉的内协调能力，提高神经系统指挥肌肉工作的能力，动员更多的运动单位参加工作。这两条途径最常用的手段是以动力性向心工作形式进行的。

1. 增加肌肉生理横断面的最大力量训练

为取得增加肌肉生理横断面发展最大力的训练效果，必须科学地确定负荷强度、练习重复的次数与组数、练习的持续时间及组间的间歇时间。

（1）负荷强度。以负重量为指标，要采用本人最大极限负重量的60%～85%的强度进行重复练习，这样能促使肌肉功能性增大，增加肌肉的生理横断面。100%的极限负荷强度应慎用和少用，一般可每周穿插进行1～2次。慎用的目的在于减轻运动员的心理负担和防止受伤，少用的目的在于动员更多的运动单位参与工作，提高肌纤维的同步化工作程序和运动员的心理适应能力。

（2）练习重复的次数与组数。每组4～8次，可做5～8组。最后几组和次数必须坚持完成，这样肌肉的能量供应才能得到充分改善，从而造成肌肉横断面增大。因为进行最后几组和次数的练习时，参加工作的运动单位能够达到最多，与完成极限负荷时用力是相似的。

（3）练习的持续时间。每次练习的动作速度要稍慢一些，并使动作做得流畅，不停滞。通常在4秒左右完成一次动作，这样有利于工作的肌纤维变粗，肌肉横断面增大。

（4）组间的间歇时间。在上一组练习肌肉所产生的疲劳得到基本消除之后，再进行下一组练习为宜。高水平运动员一般2～3分钟即可，力量水平较低的运动员可适当延长。在间歇时间里，可做一些轻微活动和放松练习，以加快恢复。

2．改善肌肉内协调能力的最大力量训练

（1）负荷强度。一般用本人最大极限负重量的85%以上强度。这种强度刺激能加速中枢神经系统发放冲动的频率及增加强烈程度，动员更多的运动单位参加工作。

（2）练习的重复次数与组数。每组1～3次，可做5～8组。组数以完成既定强度的次数为准。一些高水平运动员，则可根据具体情况适当增加练习的组数。

（3）练习持续时间。每次练习的动作速度要适当加快，通常在2秒左右完成一次动作。

（4）组间的间歇时间。通常在 3 分钟左右，或稍长一些。如果是局部肌肉参与工作，间歇时间可短一些，反之则长一些。总之，要使负荷的肌肉得到恢复，再进行下一组练习。间歇时间里也可做一些轻微活动和放松练习。

在训练中，应先做增加肌肉生理横断面的训练，有了一定的力量基础，再进行肌肉内协调能力的训练，这样可防止受伤。

发展最大力量还可采用静力性等长练习和等动性练习。

静力性训练多采用大强度和极限强度进行练习，每次动作持续时间为 5~6 秒钟，总的练习时间控制在 15 分钟以内。等动性训练的运动速度保持不变，肌肉都能在训练过程中发挥出较大力量，训练强度要大，每组练习 4~8 次，做 5~8 组，组间休息要充分。

（二）篮球运动力量耐力训练的主要方式

由于力量耐力主要是有氧供能，其发展不仅依靠肌肉力量的发展，而且要依靠血液循环、呼吸系统机能的改善和有氧代谢能力的提高，以便满足长时间工作的肌肉所需的氧气和能源的供给。

最大力量与力量耐力有关，不同运动员在完成同一负重时的重复次数，取决于其最大力量的大小。最大力量大的运动员练习中重复的次数多，表现出的力量耐力好。所以力量耐力水平的提高，也依赖于最大力量的发展。篮球力量耐力训练的基本方法主要有以下几点。

（1）练习的强度。如果是发展克服较大阻力的力量耐力，则可采用本人最大力量的 75%~80% 的负荷进行重复练习；如果是发展克服较小阻力的力量耐力，则其最小负荷强度不能小于本人最大负荷强度的 35% 的负荷强度，否则练习效果不大。

（2）练习的重复次数与组数。一般要达到极限的重复次数，即坚持做到不能再做为止，这样才能改善血液循环和呼吸系统的供氧能力及糖酵解供能机制，保证力量耐力的增长。练习的组数也应视具体情况而定，一般是在保证每组达到极限的重复次数前提下确定练习的组数。

（3）练习的持续时间。如果是采用动力性练习，则由练习的次数和组数确定，以完成预定的次数、组数为其练习持续的时间；如果是采用静力性练习，则单个动作的持续时间一般是 10~30 秒。这取决于负重的大小，负重大则持续时间短一些，负重小则持续时间长一些。

（4）组间的间歇时间。要在未完全恢复的情况下就进行下一组练习，以达到疲劳积累、发展力量耐力的目的。若进行几组练习后，运动员感到相当疲劳，可适当延长组间休息时间。

（三）篮球运动速度力量训练的主要方式

速度力量是力量和速度有机结合的一种特殊力量素质，因此具有速度和力量的综合特征。篮球运动员在完成某一个动作时所用的力量大、速度快，则其所表现出的速度力量就大。只有使最大力量和速度两方面都提高，才能取得篮球速度力量训练的最佳效果。训练中提高力量相对比提高速度容易一些。因此，提高速度力量往往广泛采用发展力量的练习，在力量提高的同时注意发展动作速度。

速度力量训练的主要方法包括负重练习和不负重练习两种。

1. 负重练习发展篮球速度力量的方法

（1）负荷强度要适宜。如果负重过大必然影响动作完成的速度，负重过小又难以加强速度力量。一般多采用本人最大力量的 40%~60%的强度，这可兼顾力量和速度两方面的发展。练习中还应要求运动员尽量体会最大用力和最大速度感，如要发展爆发力，其强度伸缩性较大，既可用较大的负荷强度，也可用低于 40%的强度。在使用较大的负荷强度（如 70%）训练时，要注意动作完成的速度，如动作速度变慢，动作变形，则应适当减少负荷。

（2）练习的次数和组数。一般每组重复练习 5~10 次，做 3~6 组。

但组数的确定应以运动员不降低完成动作的速度为限,如动作速度下降,则可停止练习。

（3）组间的间歇时间应较充分,但也不宜过长,过长会导致中枢神经系统兴奋性下降,影响下一组练习。一般以 2~3 分钟为宜。

（4）练习的动作要求协调、流畅、正确,并尽量与专项技术动作结合。

2. 不负重发展速度力量的方法

不负重练习可采用发展下肢速度力量克服自身体重的练习,如单、双足跳台阶和跳深练习等;也可采用发展上肢和躯干的练习,如投掷重复出手、排球扣球的鞭打练习。用小重量（如垒球、小石块、小哑铃、滑轮拉力器）以通过发展动作速度发展力量为目的的训练,也是其中之一。

（1）跳深练习。主要用于发展运动员的下肢速度力量,特别是爆发力。训练实践中多采用跳深和连续不停顿地跳过障碍物的方法。

跳深练习实际上是一种超等长的练习方法,也就是先使肌肉做离心工作（拉长肌肉）,紧接着做向心工作（收缩肌肉）,这可动员更多的运动单位参加工作,使篮球运动员的肌肉产生短促而有力的收缩,表现出很大的爆发力。

跳深练习一般可从 50~60 厘米的高度跳下,双足落地后,立即往另一个 100 厘米左右的高度上跳。落地时主要用脚掌先触地,而后过渡到全脚。注意防止脚跟先着地,避免脚跟挫伤和脊椎震动过大造成运动损伤。以 6~10 次为一组,做 6~10 组,组间间歇 2~3 分钟。

连续跳越障碍物的高度要适宜,障碍物的间距以不停顿能连续跳过下一个障碍物为准。跳台阶（楼梯）也要保持动作的连续性和具有爆发用力的特征。这些练习可用双足跳,也可用单足跳。练习前要做好充分的准备活动,防止肌肉拉伤和踝关节扭伤。

（2）完成专项比赛性动作的快速练习。这种练习可以是徒手的，也可以带轻器械（轻器械的重量一般不超过比赛器械）。其主要目的在于通过发展动作速度来发展快速力量。练习 6～10 次为一组，做 6～10 组，组间间歇 2～3 分钟。练习中要注意动作快速有力，并符合专项比赛动作的技术要求。

（四）篮球运动综合性力量训练方式

所谓综合性力量训练方式，是指不单纯对某一种训练因素起作用，而是具有多种训练目的的训练方式。它大多采用两种以上训练方式混合安排。篮球运动员综合性力量训练，主要采用耐酸性的肌肉增粗法，然后再进行绝对力量训练，最后再发展相对力量，改善肌肉用力的协调性和肌肉持续用力的能力。这种方法能逐步使肌肉发挥最大力量，充分动员肌肉运动单位参加工作，达到最佳状态，并防止准备活动不充分，避免运动伤害发生。

1. 混合训练练法

混合训练法是采用两种以上力量能力的训练方法，如先做肌肉增粗法 3～4 组，再做快速力量法 4～8 组。

2. 塔式训练法

塔式训练法是进行次极限和极限的肌肉收缩，逐渐提高负荷重量，最后采用的练习重量仅仅只能完成一次，然后再减少负荷重量，增加重复练习次数的训练方法。

如最大负荷的全蹲为 100 千克，则可选 60 千克做 20 次 1 组，70 千克 12 次 1 组，80 千克 10 次 1 组，90 千克 3 次 1 组，100 千克 1 次 1 组，然后选择 80 千克，直到做不起来最后一个为止，做 1 组或 2 组。

3. 结合专项力量素质的训练

（1）利用专门器材进行技术训练。常见的有用加重的篮球练习投篮、传球，穿沙衣进行篮球各种技、战术训练。

（2）结合球的爆发力量训练。一般采用结合球的各种跳跃训练，如中场三级跳投篮，连续抢篮板球、扣篮和抢断球等。

（3）提高身体对抗能力的训练。通过对抗性的练习，强化运动员在移动中的时空感觉，掌握动作用力的时机，使正确的用力方法与比赛的要求一致。通常采用以下几种主要的练习手段。

1）以少打多的训练方法：在教学的组织中安排一打二、二打三、三打四，或者以小打大、以弱打强，设置训练障碍，增加对抗用力的频率和难度。

2）辅助阻力的训练方法：通常在各种基本技术训练中，人为地制造阻力，提高有碰撞的技术能力，如在挤、压、推、拉的条件下强行突破投篮，在顶挡的情况下拼抢篮板球、挤过、穿过、绕过等练习。

3）模拟比赛要求：一般多采用激励的方法增强对抗积极性，如篮下有对抗投篮规定得 3 分、内线与外线队员得分分开记录成绩的教学比赛等。

篮球专项力量练习，必须使练习动作幅度、用力方向与技术动作的要求一致，练习时负荷要大于比赛要求，使动作用力在技术要求的关键环节中得到充分的发挥。

4．循环训练法

循环训练法是设立若干个力量练习点，综合安排不同训练内容，多维地影响不同肌群的力量能力。

五、篮球运动不同部位力量素质训练方法

（一）发展手指手腕力量练习方法

（1）手指用力抓空练习。

（2）两人一球，用单手手指互相推球（手指自然张开，用手指的力量用力推球）。

（3）两人坐着用指腕力量传篮球或实心球。

（4）左、右两手互相对抗。用力抓夺篮球。

（5）双手握杠铃杆，直臂做快速屈伸手腕练习。

（二）发展上肢力量的练习方法

（1）负重推举（两人面对站立，距离适当，互相推手）。

（2）卧推（两人一组，一人仰卧，另一人用体重下压适量，让同伴推起）。

（3）两人一组，一人侧平举，另一人用力压手腕对抗。

（4）负重伸屈臂。

（三）发展腰腹力量练习

（1）仰卧举腿，仰卧折体，仰卧挺身。

（2）跳起空中收腹、手打脚、转身、空中传球或空中变化动作上篮等等。

（3）单、双脚连续左右跳过一定高度。

（4）利用杠铃负重转体、挺身。

（四）发展下肢力量练习

（1）徒手半蹲或背靠墙半蹲。

（2）徒手单腿深蹲起。

（3）两人一组，利用人的体重进行负重半蹲起。

（4）负重提踵。

（5）深蹲跳。

（五）综合器械练习

1. 上斜卧杠铃提举

从器械架上抓取杠铃，屈肘，使杠铃下降至上胸部，向上推举杠铃至手臂伸直，还原。要求按照上述方法反复进行训练，如图 5-1 所示。

图 5-1　上斜卧杠铃提举示意图

2．坐式夹胸器夹胸

推动活动臂在胸前夹拢闭合，然后使两活动臂向后，还原。要求按照上述方法反复进行训练，如图 5-2 所示。

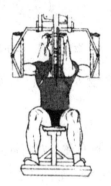

图 5-2　坐式夹胸器夹胸示意图

3．直立提踵

通过踝关节尽量跖屈使足跟抬高，坚持片刻，至小腿有拉伸感时足跟下落。要求按照上述方法反复进行训练，如图 5-3 所示。

图 5-3　直立提踵示意图

4. 坐式双臂平拉

肘关节保持屈曲±10°，手握手柄尽力后拉，还原。要求按照上述方法反复进行训练，如图 5-4 所示。

图 5-4　坐式双臂平拉示意图

六、篮球运动核心力量的专项训练

（一）俯姿平撑

俯卧，双臂屈肘 90°支撑身体，双腿伸直诈拢用脚尖撑地，直体固定腹背部，要求保持 20～30 秒，如图 5-5 所示。

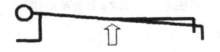

图 5-5　俯姿平撑动作示意图

（二）俯姿平撑提腿

俯卧，双臂屈肘 90°支撑身体，双腿伸直并拢用脚尖撑地，直体固定腹背部，提起一条腿，双腿交替练习，提起每条腿时，保持姿势 10 秒，如图 5-6 所示。

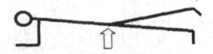

图 5-6　俯姿平撑提腿动作示意图

（三）仰姿桥撑

仰卧，双臂在体侧伸直，双手掌心向上支撑身体，双腿屈膝、并拢，用脚撑地。提起髋部离地，身体成桥形姿势固定，保持 20～30 秒，如图 5-7 所示。

图 5-7　仰姿桥撑动作示意图

（四）仰姿臂撑提腿

仰卧，双臂屈肘支撑身体，双腿伸直、并拢，用脚撑地。提起髋部离地，身体成直体姿势，再提起一条腿，膝关节伸直、固定，双腿交替练习，提起每条腿保持 5～10 秒，如图 5-8 所示。

图 5-8　仰姿臂撑提腿动作示意图

（五）侧姿臂撑

侧卧，单臂屈肘支撑身体，另一只臂屈肘侧举，双腿伸直、并拢，用一只脚外侧撑地。提起髋部离地，身体成直体姿势，膝关节伸直、固定，身体两侧进行交替练习，每侧保持 20～30 秒，如图 5-9 所示。

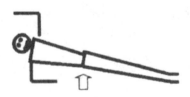

图 5-9　侧姿臂撑动作示意图

（六）侧姿臂撑提腿

侧卧，单臂屈肘支撑身体，另一只臂屈肘侧举，双腿伸直、并拢，用一只脚外侧撑地。提起髋部离地，身体成直体姿势，再提起一条腿，膝关节伸直、固定，身体两侧交替练习，每侧保持 20~30 秒，如图 5-10 所示。

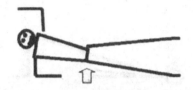

图 5-10　侧姿臂撑提腿动作示意图

（七）侧卧弯月姿势两头起

侧卧，双臂伸直，双手于头上合拢，双腿伸直、并拢。提起双腿和双臂离地，身体成香蕉姿势，膝关节伸直、固定。身体两侧进行交替练习，每侧保持 20~30 秒，如图 5-11 所示。

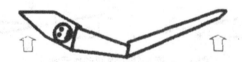

图 5-11　侧卧弯月姿势两头起动作示意图

（八）仰卧瑞士球持实心球体前屈

双脚于双髋间距，躯干仰卧在瑞士球上，双臂水平伸直持实心球于头后。形成体前屈姿势，双臂垂直伸直持实心球于头上。保持姿势 20~30 秒，如图 5-12 所示。

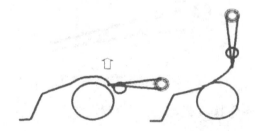

图 5-12　仰卧瑞士球持实心球体前屈示意图

第二节　篮球运动专项速度素质训练

一、篮球运动速度素质的分类

在篮球运动中，按照动作过程来分，可将速度素质分为反应速度、动作速度和移动速度三种。反应速度是从外部接受各种刺激到开始动作的速度；动作速度是指运动员完成篮球技术动作的速度；移动速度是指篮球运动员在短时间内发挥出最大位移的能力。三者反映了篮球运动员速度能力既相互依存，又相互独立的不同方面。反应速度是动作速度和移动速度的前提，动作速度和移动速度直接影响到速度过程的快慢。

（一）反应速度

反应速度是指运动员对种种外界刺激（声、光、触等）快速应变的能力，也就是作出反应的潜伏时间。这种能力取决于信号通过神经传导所需时间的长短，即机体的感受器感受到刺激时，由感觉神经元传入至中枢神经，由中枢神经发出指令，经运动神经元传出至效应器肌肉，肌肉产生运动。这在运动中又称为反应时，反应时长则反应速度慢，反应时短则反应速度快。如短跑运动员听到枪声后快速反应到起动；乒乓球运动员能在 0.15 秒内根据对方的击球动作和击球声音（通过视觉和听觉），非常迅速、准确地判断来球的落点和旋转性，同时做出相应的技术回击，这就是良好的反应速度的表现。

反应速度以神经过程的反应时（其中包括感觉时间、思维判别时间和动作始动时间）为基础。反应时受遗传的因素影响较大，遗传力高达0.75 以上。另外，反应时的长短与刺激信号的强度和注意力的集中程度与指向有关。[1]

---

[1] 卢文超. 高校篮球运动教学与战略训练[M]. 北京：九州出版社，2015.

（二）动作速度

动作速度是指运动员完成单个动作或成套动作的快慢以及单位时间内重复动作次数多少的能力，如铁饼、链球投掷的旋转动作时间，篮球运动员转身和三步上篮时间。因此，动作速度又分为单个动作速度、成套动作速度及动作速率三种。

一般来说，动作速度除了决定于信号在各环节中神经传递速度之外，还与神经系统对人体运动器官指挥能力关系密切。如兴奋冲动强度大，加之传递速度快，协调性好，即指挥的能力强，动作速度必然快。此外，动作速度的快慢还与人体各器官系统的准备状态，快速力量与速度耐力水平以及动作熟练程度有关。

在技术动作中，动作速度可分为瞬时速度（其速度产生于一瞬之间，如篮球的起跳速度）和角速度（运动时人体在单位时间内旋转的角度）等。

（三）移动速度

通常所说的移动速度，是指单位时间内运动员通过一定距离的能力，它是上述三种速度素质综合表现的一种快速运动能力，而且受力量、耐力、柔韧性和动作技术的影响。运动员位移的快慢，受起跑的快慢（听到哨声后的反应速度）、跑的动作频率、腿部力量、柔韧性、跑的技术，以及后程的耐力等诸多因素的影响。

从物理学上讲，移动速度是表示物体运动快慢的物理量，它是距离（S）与通过该距离的时间（T）之比，可用公式 $V=S/T$ 表示。移动速度与人的神经过程的灵活性关系密切，神经兴奋与抑制过程灵活性越高，转换能力越强，人体两腿交换频率越高，移动速度也就越快。运动员的跑速与其步幅、步频及二者的比例，肌肉放松能力和运动技能巩固程度有关。移动速度也受到遗传因素影响，有的资料表明，50 米跑速的遗传力为 0.78。

在技术动作中，移动速度可分为平均速度（V），加速度（a）和最高速度（V_t）。构成速度素质的反应速度、动作速度、移动速度之间既有联系又有区别。移动速度本身就是由各个单个动作速度和动作速率组合而成。如途中跑的后蹬速度、前摆腿动作速度、摆臂速度和重复次数的组合。反应速度又往往是移动速度的开始，反应速度在运动时，已经成为反应后的第一个动作速度。因此，在发展移动速度时，要考虑三者之间的相互关系，就移动速度而言，反应速度是前提条件，动作速度则是基础。

二、篮球运动速度素质的特点

篮球速度能力主要表现为局部速度和综合速度。局部速度主要反映篮球运动员的反应起动能力、快速动作能力以及在完成快速动作中的位移能力。综合速度能力就是指上述三种能力整合速度的快慢。由此，不难看出一般速度（反应、起动、加速、途中跑、冲刺）能力是篮球专项速度的物质基础，局部速度是综合速度的构成要素。综合速度是篮球速度素质的最终目标。

篮球运动员的速度素质特点是重心低，不断改变运动方向，在短距离内发挥最大的速度能力。因此，篮球专项速度能力的训练必须在一般速度发展的基础上，重点提高比赛要求的快速技术能力和快速的反应起动能力。通过发展速度与技术动作的协调，降低直线运动速度的损耗。篮球运动速度素质的训练主要是发展基本速度能力，改善技术动作结构的速度要素和提高比赛中的判断反应时间。

此外，篮球运动员的速度在激烈比赛中主要表现为连续反复的快速度冲刺。这种基本能力不仅要求磷酸肌酸供能，而且要求糖酵解供能。因此，篮球运动员在临场中表现出起动速度快，长时间的变速能力强。

篮球速度素质要求运动员对复杂的运动过程判断清晰，对篮球技术动作的时空特征熟悉，对对手的动作行为事先就有感知，对球场、球速和个人控制的空间范围都能准确地把握。

三、篮球运动速度素质训练的要求

速度是篮球运动的灵魂，是其生命活力之所在。能否在高速度、高难度、强对抗下准确、迅速地完成每一次进攻和防守是现代篮球比赛制胜的关键。但篮球运动的快跑速度不同于田径的短跑速度，田径的短跑是在无任何干扰的情况下，专心致志以创造最高速度为唯一目的。在篮球运动中，跑动中有激烈的对抗，要突破防守，在快跑中还要重视防守动作随机应变，同时还要有高度的稳定性（抗冲撞），所以篮球运动中的速度具有应变性、稳定性、隐蔽性和突然性的专项特点。篮球运动员的专项速度主要体现在：①位移速度；②反应—起动速度；③单个技术动作速度；④进攻速度；⑤防守速度；⑥攻防转换速度；⑦防守反击速度；⑧运球速度；⑨传球速度；⑩投放速度等。

其中，进攻速度是灵魂，防守速度是保障。防守是为了进攻，进攻是要得分，防守中要有进攻，进攻中要有防守。篮球比赛是以得分多少评定胜负的，进攻的次数越多，则成功的概率越高，得分也越高。要增加进攻总次数，必须提高每次进攻和防守的速度。为此，篮球运动员的速度，只有在符合比赛快速攻、防要求的前提下，才有可能实现技术与战术的发挥。为了达到这种要求，运动员在比赛中通过观察、判断、反应以使动作速度更加迅速敏捷，使技术、战术的运用更加娴熟。由此可见加速度、加速跑的速度是篮球运动速度的核心，而不是绝对速度。

四、篮球运动速度素质的训练方式

（一）局部速度训练方式

1. 反应起动速度训练

篮球运动员的反应主要有：简单的信号反应，如同伴获得球后，快速起动跑；简单的预测反应，如同伴长传球后，迅速起动，根据传球的速度、高度、远度判断接球落点，调整动作速度，有控制、有准备地衔接接球后的动作；复杂的选择反应，如根据对手的变化，不失时机地快速作出正确的判断选择，就像投篮时遇对手封盖，突然变化为传球；复杂的分化反应，这种反应是指运动员根据自己的经验，对动作的时空特征进行判断，做出相应的动作，如进攻运动员向左做假动作通常会向右切入，防守队员不受欺骗，直接堵截右面，迫使对手进攻受阻，达到防守目的。篮球运动员反应速度的训练，主要通过与专项技术动作结构一致的速度练习，增加信息量，训练运动员感知的能力，对运动员的不同技术动作特点进行判断，并迅速发挥运动过程中的动作速度。因此，篮球运动员的反应起动速度的训练方式主要有以下几种。

（1）熟练各种专项动作，增加运动技术动作的信息量，从而提高人体的积极感知能力，缩短反应时的潜伏期。如熟悉球性和运球过人技术动作，以及在变化的防守面前随机应变地起动突破。

（2）缩短动作各环节，尤其是关键环节的反应时间。主要通过各种专项技术动作结构的强化训练，如开始的准备姿势、迅速发力的快速动作，提高反应速度。在篮球专项训练手段中，广泛采用追逐球、起动跑、抢篮板球后第一传起动跑、运球起动、各种防守步法和变向起动等。

（3）提高运动员对时空动作相互影响的预测能力，如通过大量的比赛和各种技术动作细微特征训练，以及一般技术动作规律分析，使运动员对各种动作的结果，能有比较强的预见性，从而主动地预先作出判断，弥补被动判断反应的不及时。

2. 移动速度的训练

篮球运动员的位移是非周期性运动，移动速度与运动的频率和各项技术动作的幅度有直接关系。运动频率的快慢和各项技术动作的幅度大小，要根据个人的身体条件、技术动作的掌握程度和身体素质情况而定。

动作频率的训练方式：在保证一定动作幅度的情况下，通过改进技术，提高素质，在一定时间内尽量多地完成各种动作次数，如直线运球往返上篮 10 秒以内完成等等。

动作幅度的训练方式：主要采用改进技术动作，提高肌肉的伸展性、关节的灵活性，以及肌肉的力量素质，最大限度地利用篮球运动员的身体条件。如中线快速行进间跨步投篮，要求步幅大，投篮动作尽量伸展。

3. 动作速度训练

篮球运动技术动作速度（动作速率和转换动作的速率）主要有单个技术动作速度和组合技术动作速度，单个技术动作速度对组合技术动作速度有决定性影响，篮球运动技术结构关键技术环节的速度都是以快速完成动作为基础的，因此，发展篮球技术动作的速度要重点提高关键技术环节的速度。

提高动作速度的训练方式通常有以下两点。

（1）反复加强单个动作的关键环节和组合动作的衔接动作速度，提高完成动作速度，如运球中变向后的加速、投篮快出手和传球的抖腕等等。

（2）提高完成动作的频率。在规定的时间内完成动作的次数，或者在规定完成的动作次数中缩短完成的时间。如在距离墙 3 米处 1 分钟内完成传球 60 次以上；又如两点原地运球，运动员两脚开立比肩稍宽，运球至左右脚的外侧，30 秒完成 30 次以上等方法。

（二）综合速度训练方式

综合速度是篮球比赛所需要的整体速度，包括进攻速度、防守速度、攻守转换速度、战术配合速度、各种战术意识的反应速度，以及运动员的技术动作速度等。

综合速度的训练方法主要以下几种。

（1）全面提高运动员的个人快速技术，使运动员的基本功扎实，动作娴熟，运用自如，方法多样，如通过快攻以多打少和三人直线快攻发展运动员的快速技术。进攻中只要出现机会，就做到人到球到，避免因完成技术动作的速度慢而错过战机。

（2）加强配合速度的训练，形成和建立队员之间的默契。如移动进攻速度、交叉配合速度、反跑配合速度和全场人盯人时夹击补位速度等。

（3）战术反应速度的培养。主要通过教练员的严格要求，培养运动员对比赛规律性的认识，熟悉各种配合方法，使运动员战术反应速度提高。如在训练中不断变化防守阵形，使运动员能按照配合路线较快地进入角色；又如通过快攻二打二或三打三培养运动员攻守转化速度，迅速进行两三人的配合，并使这种配合顺利地与阵地战术衔接。

五、篮球运动速度素质训练的具体方法

（一）篮球运动反应速度训练

1. 两人拍击

两名运动员面向开立，听到开始口令后，设法拍击对方背部，而又不被对方击中自己。在规定时间内（每次 1 分钟左右），拍击对手多者为胜，如图 5-13 所示。

图 5-13 两人拍击

2. 截断球

由教练员扔不同方向的球，运动员随时起动断球。

3. 抢球训练

用实心球围成一个圆圈，球数比练习人数少 1。练习开始运动员绕球圈外慢跑，听到信号各人就近抢球谁没有抢到便被淘汰，并去掉一球继续进行。每进行一轮成功者得 1 分，得分多为胜，如图 5-14 所示。

图 5-14　抢球训练

4．反应起跳

运动员围圈面向圈内站立，圈内 1 至 2 人，站在圆心附近手持小树枝或小竹竿（竿长超过圈半径）。训练开始，持竿者将竹竿绕过站圈人脚下划圆，竿经谁脚下即起跳，不让竿打上脚，被打即失败进圈换持竿者。训练时，持竿者也可突变划圈方向，如图 5-15 所示。

图 5-15　反应起跳

5．抢接球练习

几人成一排，教练身后向前抛球，运动员见球后快速起动抢接球。

6．贴人游戏

由若干运动员成两人前后面向圈内站立围成一圆圈，左右间隔 2 米。两人在圈外沿圈跑动追逐，被追者可跑至某两人的前面站立，则后面的第三者即逃跑，追者即改追这个第三者，如被追上为失败，如图 5-16 所示。

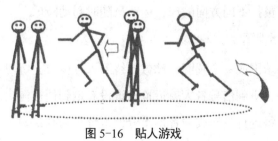

图 5-16　贴人游戏

7. 反应突变练习

运动员听各种信号做各种滑步、上步、交叉步等移动、转身、急停、接球、上步垫球等模仿练习。

8. 喊数抱团

运动员绕圈进行跑动，根据教练喊出的数字，进行配对组合。不符合组合人数者为失败，需接受一定的惩罚性活动，如俯卧撑等，如图5-17所示。

图 5-17　喊数抱团

（二）篮球运动动作速度训练

1. 快速体侧传接球

两人相距 3～4 米站立，用 2～3 个篮球，按顺时针方向，做快速体侧单手传接球练习。

2. 斜立扩胸

运动员将两个瑞士球左右相邻放在地面上，然后俯卧用双扶住球面支撑上体。双脚脚掌支撑地面，身体屈膝，并向球倾斜。将两个球向外侧滚动，打开双臂，直到自己能够控制的动作幅度。然后回收双臂，将球滚回开始位置，如图5-18所示。

图 5-18　斜立扩胸

3. 快速传接实心球

参加训练的运动员与同伴相对站立,稍微屈膝,2人间距约3~4米。双手持实心球于胸前,进行连续传接练习,如图5-19所示。

图 5-19　快速传接实心球

4. 转身起跳击球

吊球悬挂在距墙3米处,高度因人而异,原地起跳用手击吊球后空中转体180°落地,接着转身起跳击球。

5. 跨步跳

运动员双脚交替起跳和落地。跳起高度不要太高,摆动腿大腿与地面平行,步长大于正常跑进。在脚落地时运动员不要前伸小腿,并采用主动扒地方式快速落地,如图5-20所示。

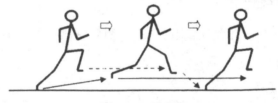

图 5-20　跨步跳

6. 移动断球

两名队员相距6米站立,做快速不间断传球。中间一名防守者在移动中断球,如得到球后将球传给传球者。

7. 前抛实心球或铅球

运动员面对抛掷方向,双脚左右开立约一肩半宽,直臂双手持实心球或铅球举过头顶。团身下摆实心球或铅球至两小腿间并接近地面。迅速蹬腿、挺身、挥臂向身体前上方抛出实心球或铅球,如图5-21所示。

图 5-21 前抛实心球或铅球

8. 后抛实心球或铅球

运动员背对抛掷方向，双脚左右开立约一肩半宽，直臂双手持实心球或铅球举过头顶。团身下摆实心球或铅球至两小腿间并接近地面。迅速蹬腿、挺身、挥臂向身体后上方抛出实心球，如图 5-22 所示。

图 5-22 后抛实心球或铅球

9. 跳起转体接实心球

运动员背对接球方向，双脚左右开立紧紧夹住轻实心球。迅速跳起，用双腿将轻实心球抛向空中，身体落地迅速转体接住实心球，如图 5-23 所示。

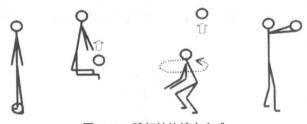

图 5-23 跳起转体接实心球

10. 移动打球

6 人站成相距 2 米的等边六角形，5 人体前各持一个篮球，听信号后徒手队员快速移动循环拍打站立者手中的球。每次移动打球 20 次，计算完成时间，依次进行。

11. 运球绕障碍

篮球场上纵向放置 5 个障碍物间距 2 米，听信号后做快速运球绕过障碍物往返跑，可以竞赛方式计时，不得触碰障碍物。

（三）篮球运动移动速度训练

1. 后踢腿

运动员从慢跑开始，使摆动腿脚跟拍击臀部，膝关节在弯屈的过程中向前上摆动。练习时，运动员要注意上体保持正直，可以根据运动员个人能力来适当加快步频，如图 5-24 所示。

图 5-24　后踢腿

2. 高抬腿跑绳梯

运动员以短跑动作前后摆臂进行快速高抬腿，肘关节弯曲大约 90°。前摆手摆到约肩部高度，后摆手摆到臀部之后。大腿摆到与地面平行姿势。并且双脚在同一格内落地，尽快跑过每格约 50 厘米间距的绳梯或小棍，如图 5-25 所示。

图 5-25　高抬腿跑绳梯

3．缓坡上坡跑

运动员在一定坡度的跑道上进行跑进，如图 5-26 所示。要注意发展最大速度采用的坡度要控制在 3°以下。发展加速能力采用的坡度可以适当增加。

图 5-26　缓坡上坡跑

4．拖轮胎跑

运动员在腰部系上绳索，拖动一个汽车轮胎进行跑动，如图 5-27 所示。注意训练时要强调正确跑进动作技术。轮胎不可太重，保持跑进的加速节奏。

图 5-27　拖轮胎跑

5．运球接力

篮球场端线站立，听信号后快速运球跑到另一端线折回，手递手收球传给第二人，两人循环往返。

6．全场运球上篮

从端线开始，听信号做全场运球上篮，投中后返回，不中要补进。要求不准带球跑。

7．起动运球跑

背对球场在端线蹲立，手持篮球，听信号后立即转身做全速运球跑，到中线后折回端线。要求起动速度快，运球速度快，球不得远离身体。

8. 运球追逐跑

以 10 米为半径画一个圆圈，两人在圈外相距 4 米做原地运球，听信号后转身沿弧线运球追逐跑，后面人追上前面的人用手拍击背部，则两人同时转身运球交换追逐。

9. 起跳冲跑

篮下站立，听信号后连续起跳，手摸篮板 5 次，后接冲刺跑到中线折回。要求起跳动作不得有停顿，一气呵成。

10. 滚球接力

篮球场端线站立，球放在地上。信号开始用手滚动球到另一端后返回，手递手将球传给第二人，依次进行。要求球不能离开地面，以竞赛方式计时进行。

11. 两人推进上篮

端线开始，两人做快速跑动传接球上篮。不准运球，规定传球 3～4 次以内，不得走步违例。

12. 快速跑动传接球

5～8 名队员均匀分布在 15 米直径的圆圈上，持球者在圈内跑动，依次向各位置队员做传接球。要求不运球，传球快速准确。

13. 接球上篮

端线传球站立，把球传给中圈站立的教练员，迅速向前冲跑，接教练员的高抛、地滚等难度较大的传球上篮。要求侧身跑进，在不减速情况下，接球上篮。

第三节 篮球运动专项耐力素质训练

一、篮球运动耐力素质的分类

耐力素质是指运动员在运动中长时间抵抗神经、肌肉疲劳的能力。它是篮球运动员的重要素质。疲劳是训练后的必然结果，没有疲劳就没有训练。但疲劳又会使有机体的工作能力下降，而不能保持长时间地工作，所以疲劳又是训练的障碍。运动员在训练和比赛过程中抗疲劳的能力，反映了他的耐力素质水平。

篮球运动员必须具备良好的耐力素质，才能在比赛中始终保持充沛的精力和旺盛的斗志，从而保证技术、战术水平的正常发挥。运动训练过程中由肌肉工作引起的体力上的疲劳，是耐力素质训练所要克服的主要疲劳。耐力素质的发展对篮球运动成绩的提高具有十分重要的意义。一般来说，篮球耐力素质的分类主要有以下方法。

（一）从器官系统进行分类

从生理学的角度看，耐力素质可分为心血管耐力和肌肉耐力。从供能特征角度又可将心血管系统耐力分为而心血管耐力又包括有氧耐力、无氧耐力和有氧与无氧混合耐力。

1. 有氧耐力

有氧耐力是指有机体在氧气供应比较充分的情况下，坚持长时间工作的能力。有氧代谢能力可归结为氧气的吸收、运输和利用的有关机体特性的综合。有氧耐力训练的目的在于提高运动机体输送氧气的能力，促进有机体的新陈代谢，为今后运动负荷的增加创造条件。

2. 无氧耐力

无氧耐力是指有机体在氧气供应不足的情况下，能坚持在较长时间内工作的能力。无氧耐力工作是在机体长时间处于供氧不足的状态下进行工作,所以无氧耐力训练的目的在于提高运动员机体承受氧债的能力。

3. 有氧与无氧混合耐力

有氧与无氧混合耐力是介于无氧供能和有氧供能之间的一种耐力。其特点是持续时间长于无氧耐力而短于有氧耐力。

肌肉耐力是指运动员肌肉系统在一定的内部与外部负荷的情况下,能坚持较长时间或重复多次数的能力。肌肉耐力和力量水平的发展关系极为密切,发展肌肉的最大力量能有效地促进肌肉耐力水平的提高。根据运动时参与工作的肌肉群数量或身体活动部位,肌肉耐力可分为局部耐力和全身耐力。[①]

(二)从训练学进行分类

从耐力素质与篮球运动的关系,可分为一般耐力和篮球专项耐力。

1. 一般耐力

一般耐力是一种多肌群、多系统长时间工作的能力。无论专项特点如何,良好的一般耐力都有助于各种形式的训练取得成功。但是,由于一般耐力是不同形式耐力的综合表现,对不同的运动项目来说,项目特点对它也有不同的要求。因此,在进行一般耐力训练时,应充分考虑一般耐力与专项耐力之间的关系。

2. 专项耐力

篮球专项耐力指运动员在其专项比赛中或训练中所要求的时间内,坚持高强度工作的能力。运动员的无氧耐力水平也取决于有氧代谢状况、能源物质储存及支撑运动器官对长时间大强度工作的承受能力。篮球运动员在发展专项耐力的训练中,要特别注意专项总体代谢特点,科学合理地安排训练。

---

① 卢文超. 高校篮球运动教学与战略训练[M]. 北京:九州出版社,2015.

二、篮球运动耐力素质的特点

篮球运动员的耐力素质主要体现在速度耐力方面，所以篮球运动员的耐力素质主要以糖酵解的供能形式为主。因此，在篮球专项耐力的训练安排中，要以最大耐乳酸的能力训练为主，有氧氧化供能形式的训练为辅，并且要处理好两者之间的训练关系。有氧氧化供能形式的训练是糖酵解供能形式训练的基础，有氧氧化能力强，运动员在比赛和训练中的恢复能力就强，而糖酵解供能是保证篮球运动员在比赛中保持长时间快速能力的物质要素。

篮球运动员的身材高，体重大，通常左心室壁较厚，而且心脏房室的容量大。运动过程中做功多，运动员的心肺功能强，表现出每搏输出量大。许多优秀的篮球运动员在安静时表现为运动性的心跳徐缓，基础代谢率低。快速的运动中，在加快心率的同时，每搏射血量较其他运动项目的运动员更大。

三、篮球运动耐力素质训练的要求

（1）在阶段训练计划中，在准备阶段前期应更多地发展有氧耐力，在准备阶段后期和赛前阶段则应更多地发展无氧耐力。在周训练计划中，每周一般只安排 2～3 次强度大或者持续时间较长的大运动量耐力训练。要充分考虑负荷的指标要求、运动员的营养状况、睡眠情况、身体的恢复是否适应新的刺激等因素，避免产生过度疲劳而影响其他素质和技术、战术的训练。

（2）篮球运动员的耐力训练首先要提高有氧耐力水平。在达到一定的耐力能力水平后，再采用无氧阈的训练方法，不断提高篮球专项耐力水平。有氧耐力持续时间，应考虑不同运动员的训练水平，过长时间的连续训练会使耗氧水平下降，组织活动不协调，影响训练效果。在发展无氧耐力时，要根据不同的训练目的，按一定顺序安排运动强度。如果是发展乳酸供能系统并维持较高值，则运动时间可由短变长；否则，如果为了迅速地动员乳酸供能系统，则可相反安排。

（3）篮球运动员的耐力训练，要突出专项耐力。专项耐力训练要先增加运动量，再增加运动负荷的强度。在每次的训练中，要逐渐增加练习的次数和组数，然后再增加训练的强度要求。合理地分配体力，使运动机能节省化。

（4）耐力训练要长年进行，练习内容要多种多样，逐步提高对各种新异刺激的适应性，避免因练习内容单调，使训练积极性不高，引起思想上的厌倦。

篮球运动员耐力素质训练安排，原则上要使每次训练后机体充分恢复再安排下一次耐力训练。然而，在篮球运动实践中，运动员每次进行耐力训练并不一定都完全恢复，这就要求运动员具有较强的有氧氧化供能的能力，使体力迅速得到恢复。

四、篮球运动耐力素质训练的方式

（一）持续负荷训练方式

持续负荷训练是指负荷强度较低、负荷时间较长、无间断地连续进行练习的方式。持续负荷训练通常用于发展一般耐力素质，可提高有氧代谢系统供能能力以及该供能状态下有氧运动的强度；可为进一步提高无氧代谢能力及无氧工作强度奠定坚实的基础。

这种训练的基础是保持最大吸氧量水平，提高人体有氧代谢水平，心率控制在 150 次左右。方法是采用匀速跑、变速跑和超越跑。如长时间安排快攻、防守步法、趣味性活动，又如折线跑、8 字围绕、连续跑动 28 米折返、连续碰板 100～200 次。

（二）重复负荷训练方式

重复负荷训练是指多次重复同一练习，两次（组）练习之间安排相对充分休息的练习方法。通过多次重复练习，不断强化运动条件反射的过程，有利于掌握和巩固技术动作；可使机体尽快产生较高的适应性机制，有利于发展和提高身体素质。构成重复负荷训练的主要因素有：单次（组）练习的负荷量、负荷强度及每两次（组）练习之间的休息时间。休息的方式通常采用静止、肌肉按摩或散步。

这种训练方法的基础是无氧代谢。负荷最大心率达 28 次/10 秒以上，组间休息 5 分钟左右，心率下降至 15 次/10 秒左右，再进行下一次的负荷刺激。如 400 米做 5～10 组，计时。采用不同的强度安排各种重复性的练习。在篮球训练中常有 3 人直线快攻，可安排 1～5 个往返，然后再安排 5～10 个往返，即每组逐步增加往返次数，然后由最大到最小，强度随重复往返的次数而增减。还有连续抛接困难球 10 个等。

（三）循环负荷训练方式

循环负荷训练是指根据训练的具体任务，将练习手段设置为若干个练习站，练习者按照既定顺序和路线，依次完成每站练习任务的练习方式。这种方式可有效地激发练习情绪、累积负荷痕迹、交替刺激不同体位。其结构因素有：每站的练习内容、每站的运动负荷、练习站的安排顺序、练习站之间的间歇、每遍循环之间的间歇、练习的站数与循环练习的组数。运用循环负荷训练练习法可有效地提高练习情绪和积极性；可以合理地增大运动训练过程的练习密度；可以随时根据具体情况因人而异地加以调整，做到区别对待；可以防止局部负担过重，延缓疲劳的产生，并有利于全面身体训练。

这种训练方法的特点是，各练习站有机联系，各个练习站平均负荷强度相对较低，各组循环内各站之间无明显中断，一次循环的持续负荷时间较长。负荷强度高低交替搭配进行。循环组数相对较多。上下肢练习、前后部练习顺序的配置或集中安排或交替进行。组织方式可采用流水式或轮换式。可提高疲劳状态下连续作战的能力以及有氧工作强度；可提高有氧代谢系统供能的能力、有氧工作强度以及有氧代谢供能状态下的力量耐力。

(四) 间歇负荷训练方式

间歇负荷训练是指对多次练习时的间歇时间作出严格规定,使机体处于不完全恢复状态下,反复进行练习的方法。合理应用间歇负荷训练,可使心脏功能得到明显的增强,使机体各机能产生适应性变化;使糖酵解代谢供能能力、磷酸盐与糖酵解混合代谢的供能能力、糖酵解与有氧代谢混合供能能力和有氧代谢供能能力得以有效的发展和提高;使机体抗乳酸能力得到提高,以确保在保持较高强度的情况下具有持续运动的能力。

这种训练的基础是有氧和无氧的混合代谢。间歇时间是在没有完全恢复的情况下再进行下一次练习的刺激。如 400 米跑、100 米快速跑、100 米放松跑,反复进行。又如采用各种连续跑动 40 秒钟左右的练习,重复进行。如 3 人直线快攻 3 个或 4 个往返为 1 组完成 5～10 组,两点移动快速投篮投中 10 个为 1 组完成 5 组;再如,连续篮下一打一或者一打二进 10 个球。

(五) 变换训练方式

变换训练方式是指变换运动负荷、练习内容、练习形式以及条件,以提高练习者积极性、趣味性、适应性及应变能力的训练方式。

通过变换运动负荷,可使机体产生适应性变化,从而提高承受运动负荷的能力。通过变换练习内容,可使不同运动素质、运动技术和运动战术得到系统的训练和协调的发展。

依据变换的内容可将变换练习法分为负荷变换练习法、内容变换练习法和形式变换练习法。

负荷变换练习法的特点是:降低负荷强度,有利于学习和掌握运动技术。提高负荷强度及密度,可使机体适应大强度工作的需要。另外,可通过变换练习动作的负荷强度、练习次数、练习时间、练习质量、间歇时间、间歇方式及练习组数等变量方式,促使运动素质、能量代谢系统的发展与提高。

内容变换练习法的特点是：练习内容的动作结构可为变异组合，也可为固定组合，练习的负荷性质符合专项特点，练习内容的变换符合体能发展的需要，练习动作的用力程度符合专项的要求。

形式变换练习法的运用主要反映在场地、线路、落点和方位等条件或环境的变换上。通过变换练习环境、变换练习气氛、变换练习路径、变换练习时间和变换练习形式进行训练。通过变换训练方式，使各种技术更好地串联和衔接起来；对训练者产生新的刺激，激发起较高的训练情绪，进而促使神经系统处于良好的准备状态；促使训练者产生强烈的表现欲望，提高训练质量。

五、篮球运动耐力素质的训练方法

（一）篮球运动一般耐力素质训练

1. 有氧耐力训练

（1）根据最大摄氧量，进行连续练习和间歇练习的方法。最大摄氧量是指身体发挥最大功能水平，每分钟摄入并供给组织细胞消耗的氧气量，它是有氧代谢能力的基础。一般人的最大摄氧量为 2~3 升/分，经常参加体育锻炼的人可达 4~9 升/分。运动员在进行有氧训练时，可以把最大摄氧量作为参考指标确定运动强度。

（2）运用无氧阈进行锻炼。无氧阈是人体在进行递增性体育锻炼过程中，由有氧代谢供能开始到大量动用无氧代谢供能的转折点，这一转折点相当于一般人心率在 140~150 次/分的运动强度。也就是说，体育锻炼时心率在 150 次/分以下，主要是发展有氧耐力；心率在 150 次/分以上，则主要是发展无氧耐力。因此，不管采用何种体育锻炼方式来发展有氧耐力，心率不宜超过 150 次/分。

2. 无氧耐力训练

（1）乳酸供能练习法。练习强度一般达到身体负荷的 80%~90%，心率可达到 160~175 次/分，每次练习的时间可控制在 35~120 秒，练习 2~4 次，练习 3 组左右，组间休息 15 分钟左右。如 200 米跑，3 次一组，练习两组，每次跑间歇时间保持一致，也可逐次缩短。

（2）非乳酸供能练习法。练习负荷强度在 90%~95%，练习时心率可达 180 次/分钟以上，练习持续时间是 3~8 秒，重复次数 2~4 次，练习组数 3~5 组。如 30 米快跑，每组 3 次跑 4 组，每次间隔 1~2 分钟，组间休息 7 分钟左右。

（二）篮球运动专项耐力素质训练

1．有氧耐力训练

（1）匀速持续跑。跑的负荷量尽可能多，运动时间在 1 小时以上。心率控制在 150 次/分左右。要求匀速连续地跑。

（2）变速跑。通常在场地上进行。快、慢跑距离和地点根据专项任务与要求制定。负荷强度由低到高，心率控制在 130~150 次/分、170~180 次/分左右。练习持续时间在 30 分钟以上。

（3）3 分钟以上跳绳或跳绳跑。在跑道上做两臂正摇原地跳绳 3 分钟或跳绳跑 2 分钟，4~6 次，间歇 5 分钟。强度为 45%~60%。

2．无氧耐力训练

（1）原地或行进间间歇车轮跑。原地或行进间做车轮跑，每组 50~70 次，6~8 组，组间歇 2~4 分钟。强度为 75%~80%。

（2）间歇后蹬跑。行进间做后蹬跑，每组 30~40 次或 60~80 米，重复 6~8 次，间歇 2~3 分钟。强度为 80%。

（3）高抬腿跑转加速跑。行进间高抬腿跑 20 米左右转加速跑 80 米。重复 5~8 次，间歇 2~4 分钟。强度为 80%~85%。

（4）反复起跑。蹲踞式或站立式起跑 30~60 米，每组 3~4 次，重复 3~4 组，每次间歇 1 分钟，组间歇 3 分钟。

（5）反复连续跑台阶。在每级高 20 厘米的楼梯或高 50 厘米的看台上，连续跑 30 ~ 40 步台阶，每步 2 级，重复 6 次，每次间歇 5 分钟。强度为 65% ~ 70%。要求动作不间断，也可定时完成。

3．有氧、无氧混合耐力训练

（1）持续接力。以 100 ~ 200 米的全力跑，每组 4 ~ 5 人轮流接力。要求注意安全和练习过程中的协调配合。如果运动员人数充足也可以分成若干组进行训练比赛。

（2）力竭重复跑。采用专项比赛距离，或稍长距离，以 100%强度全力跑若干次。每次之间充分休息。

（3）间歇跑。固定练习中间休息时间，随着训练水平提高逐渐缩短中间休息时间。例如在 400 米练习中，用规定速度跑完 100 米后，休息 20 ~ 30 秒，如此循环反复训练。当运动员的能力可以缩短练习中间休息时间时，调整休息时间为 15 ~ 25 秒。

4．肌肉耐力训练

（1）1 分钟立卧撑。由直立姿势开始，下蹲两手撑地，伸直腿成俯撑，然后收腿成蹲撑，再还原成直立。每次做 1 分钟，4 ~ 6 组，间歇 5 分钟，强度为 50% ~ 55%。要求动作规范，必须站起来才算完成一次练习。也可以穿上沙背心做该练习。或做立卧撑接蹲跳起，则强度稍大，做 30 次为一组，组间歇为 10 分钟。

（2）连续半蹲跑。成半蹲姿势（大小腿成 100°角左右），向前跑进 50 ~ 70 米，重复 5 ~ 7 次，每组间歇 3 ~ 5 分钟，强度为 60% ~ 65%，不规定速度，走回来时尽量放松，在进行下次练习前，可做 15 秒贴墙手倒立。

（3）沙滩跑。在沙滩上做快慢交替自由跑，每组 500 ~ 1000 米，也可穿沙背心跑，速度变化和要求可因人而异，做 4 ~ 6 组。组间歇 10 分钟，强度为 50% ~ 55%。

第六章 篮球运动智能与心理素质训练

第一节 篮球运动智能训练的基本内容和方法

智能训练的任务是培养运动员独立完成训练和参加比赛的能力、观察问题和分析问题的能力、自我监督能力，并提高运动员的综合素质。智能训练要贯穿在运动训练过程中，要在传授知识中发展智能，在专项理论的传授中发展智能。

一、智能训练的必要性和重要性

运动训练和运动竞赛不仅仅是人的身体活动，同时也包括智能活动。在运动训练过程中，教练员和运动员需要运用许多客观规律和科技知识。运动员只有掌握了客观规律和科技知识，才能科学地进行训练，才能取得优异的运动成绩。智能活动往往由于在人的运动行为中不被观察到而被忽略，但是在每一个运动行为中，无论是技术动作或是战术行动中都或多或少地包含着智能因素，例如，在完成技术动作过程中的实际操作能力，运动训练过程中的负荷控制，战术行动中运动行为的操作能力和战术思维能力等。因此，智能活动是人类运动行为必不可少的组成部分。

现代运动训练越来越多地吸收和应用其他科学领域的先进知识和技术，运动员只有掌握一定的先进科学知识才具有把这些知识应用于运动训练的能力。运动员只有具备了较高智能水平，才能深入地认识和运用运动训练的一般规律和运动专项的特有规律，采用先进的科学知识和训练方法提高和发展身体机能和运动素质，分析掌握运动技术和战术，配合教练员有效地控制训练过程，更快更好地提高运动技能。①

运动规则的熟练掌握和自控能力的培养也是智能训练的一个重要部分。所有竞技项目的规则都在不断发展变化，有些规则甚至经常变动，而有些规则还受临场裁判的主观控制，因此，在运动训练过程中，运动员要充分掌握规则，理解规则的内涵，培养自己的临赛自控能力。只有这样才能在比赛中既能很好地运用、执行规则，又能充分发挥自己的运动水平。

二、智能训练的含义与任务

智能即智力与能力的结合，它是保证人们有效地认识客观事物和成功地进行实际活动的稳定的心理特点的结合。从智能的定义可见，智能这一概念包含着智力与能力两个相对独立而又密切联系的概念。智力是保证人们有效地进行认识活动的稳定心理特征的综合，包括观察力、记忆力、想象力、思维力和注意力等因素。能力是保证人们成功地进行实际活动的稳定心理特点的综合，包括组织能力、计划能力、实际操作能力、适应能力、创造能力等因素。运动训练中所需的智能，实际上是运动方面的特殊智能。这种特殊智能足智力的某些因素的有机结合。运动活动的实际操作能力和适应能力与对运动行为的观察力、记忆力和思维力等的有机结合，就形成了运动方面的特殊智能。智能是影响运动员竞技能力的重要因素之一。运动训练中的智能训练就是为了适应现代运动训练的需要，有目的、有计划地对上述运动智能的构成因素进行训练和培养，并使之有机结合，提高运动员智能水平的过程。智能训练的目的是提高运动员的智能水平。在运动训练过程中，智能训练有下述四个方面的任务。

（一）培养独立完成训练和参加比赛的能力

在运动训练和比赛前，要让学生明确自己的目的和任务，掌握科学的

---

① 李勇. 高校篮球运动教学与训练发展研究[M]. 长春：吉林出版集团股份有限公司，2016.

训练方法，熟悉竞赛规则和器械性能，积累比赛经验，适应各种比赛环境，高度发展运动知觉、运动表象力、自我调控能力、战术思维能力和运动活动的实际操作能力。训练过程中在教练员的指导下能主动地、高质量地完成训练任务，在复杂多变的赛场上能斗智斗勇发挥自己的训练水平。

（二）培养观察问题、分析问题的能力

运动训练不但要应用高科技，而且要遵循客观规律和原则。学生应掌握一定的科学技术和运动训练的客观规律和原则，在教练员的配合下，利用科技手段、观察、分析其他运动员和自己的运动情况，找出提高运动水平的方法，制订出适合自己的训练计划和比赛战术。运动员还应该学习掌握运动心理学、运动生理学以及专项运动理论等方面的知识，学会在比赛过程中根据对手的技、战术情况及其他外界因素，调整自己的心态及技、战术，击败对手，取得比赛的胜利。

（三）培养自我监督能力

应使学生学习掌握运动医学、运动心理学、运动解剖学以及运动生物力学等方面的知识和简单测试方法，能对自己在训练过程中的健康、机能和心理状态进行有目的的观察和调控，配合教练员合理的安排运动负荷与恢复，科学地控制训练过程和指导比赛。

三、篮球运动项目特征及其对运动员智能的要求

现代篮球运动是高水平的全面对抗，全面对抗的 7 个要素之一，就是要有良好的篮球意识和战术思维，是属于智力对抗的范畴。目前世界各强队在身高、技术、战术、身体素质等方面已经比较接近，智能的作用越来越重要。美国专家就曾提出用 70% 的脑子去打球。世界著名中锋南斯拉夫的乔西奇说："临场头脑清醒、反应迅速、动作敏捷和良好的身体素质属于同等地位。"这些都说明，一个运动员要取得优异的成绩，单靠身体形态、机能、素质、技术是不够的，还必须有一个聪慧的头脑，

运用这个头脑上吸收和运用其他学科领域的先进知识和技术，并把这些知识运用于自己的运动实践。现代篮球比赛愈来愈紧张、激烈、复杂、多变，既是运动员比体力、比技术的过程，又是运动员斗智的过程，特别是两队势均力敌的情况下，对运动员的智能要求更高，智能对比赛的胜负影响愈来愈大。因此.运用智能训练已成现代篮球运动训练不可缺少的一个组成部分，是提高训练质量的重要一环。

目前，有很多人认为，当一名运动员，只要肯吃苦、不怕累，就能提高运动成绩。在篮球运动水平突飞猛进的今天，单靠体力提高成绩的办法已经过时，必须要加强智能训练。如果说某些个人项目靠运动员天赋的身体条件和刻苦训练，尚可逞一时之勇，取得令人满意的成绩，那么篮球这个集体项目就非要有较高的智能。只有这样，才能正确领会、全面贯彻教练的意图，才能审时度势，把握战机，才能随机应变、临危不乱，才能知己知彼、扬我所长。一个人智力的发展，主要依赖于后天的物质条件和环境，尤其是教育和训练，因此，在运动训练过程中，要努力发展训练对象的智能，不能只注意"体力注入"，把运动训练看成了体力的堆砌，认为发展智力没有必要。其实，人体运动都是中枢神经系统指挥肌肉工作的结果，是脑功能的效应。也就是说，高效率的人体运动要体力和智力活动的结合。实践证明，智力的增长和发展，要求体力相应发展，人的身体素质的提高，又能改善进行智力活动的物质基础，二者密切联系，不是对立的。如果在训练过程中只顾"体力注入"，那么，将压抑记忆功能和想象功能区的发展。当然，从事竞技运动需要有极大的身体负荷能力，超量恢复原理在培养体力能力上有着特殊的意义，但如果滥用这个原理，接踵而来的是转氨酶升高，心血机能失常，"速度障碍""高原反应"及伤病等情况的发生，致使体力发展受限。所以，运动训练中运用智能训练的力度要加大，这样，可以使运动员知道怎样去练，什么是正确，什么是错误，也就是知其然，还知其所以然，这样训练的质量就提高了。

在篮球运动训练中应如何培养运动员头脑和四肢同时发达，就应当注意智能的培养与训练。在运用智能训练时，应考虑到运动员的文化水平、体育基础知识水平、年龄等实际情况。

四、智能训练的实施过程

篮球运动训练中的智能训练可采用多种方法进行，如组织文化学习、写训练日记、观察比赛录像、比赛分析报告、组织知识竞赛等都有助于发展学生的智能。运动训练过程中可能有两种截然不同的做法，一种是把运动员看成消极接受教练员支配的对象，要求运动员顺从教练员的指导，机械地接受教练员的观点和做法，属于被动训练；另一种是运动员在教练员的主导作用下，主动地、有创造性地进行训练，属于主动训练。这两种做法的结果大不一样。采用后一种做法不仅有助于提高训练效果，更重要的是有利于发展运动员的智能。

（一）在传授基本概念、基本知识和基本原理中发展智能

基础理论是人类认识客观事物的基础，掌握了这些规律性的知识不仅有利于学生的思维力发展，也有利于促进知识技能的迁移。在传授基础理论的过程中，可通过观察实物标本、教学图片、录像等手段培养学生的观察力。还可以通过提问、测验、写总结等其他形式来引导运动员学会运用分析、综合、比较、概括判断、推理等思维形式来认识和解决问题，以此来发展运动员的思维力。学生掌握理论知识的目的就是用于指导实践，因此，教练员在进行基础理论知识的传授中，应当引导运动员积极进行运动训练实际活动，严格要求他们做好各种练习、实验和实习等，培养他们把理论知识应用于实践的实际操作能力。

（二）在专项理论传授中发展智能

在进行专项技术训练的同时，还要加强专业理论的传授。专业理论

不但包括专项技术理论，还包括运动心理、运动生理、运动生物力学等多种学科。运动员在教练员的辅导帮助下认真学习掌握，学会把理论知识应用到运动训练中上。在进行身体、技术、战术训练之后，应通过归纳总结，使运动员形成概念，找出事物规律。在归纳时，应鼓励运动员自己去归纳，对两个或两个以上事物比较对照，从中做到判断性结论。在对比时，应注意对造成各种后果原因的分析，并根据规定的标准要求做出评价。这样做不仅有利于运动员正确掌握标准要求，更重要的是于发展他们的观察、分析、归纳、判断能力。教练员还可以根据具体的训练任务向运动员设置一些复杂的训练环境，然后让运动员设法解决，这样做有利于培养运动员的思维能力、适应能力和创造能力。

（三）发展智能应贯穿在整个训练过程中

一个人对事物的认识要经过从具体到抽象，又从抽象到具体的过程，所以，对运动员智能的培养，除了对理论知识的教育之外，还必须注意在实践中发展他们的智能。如经常进行比赛实战练习，培养运动员将已获得的运动素质、技术、战术方面的知识和技能运用于实践的实际操作能力，应付千变万化比赛的适应能力，以及运动行为观察力和战术思维能力。总之，教练员在训练过程中要为运动员创造活跃思维的条件，通过解决难题培养他们分析问题、解决问题的能力。

五、几种智能训练方法

（一）有关准备活动的训练

在进行训练课的准备活动时，教练员可让队员自己想办法把身体活动开，活动方式不限（在条件允许范围内），时间为20分钟。队员就可以凭自己的想象进行。有的队员单独活动，有的就二、三人结合在一起活动，有的持球，有的不持球，这样既增加了训练兴趣，又发挥了每个队员的想象力、记忆力等。在达到规定时间时，教练员就通过队员的生理反应来评定活动效果，测 10 秒钟脉搏跳动次数，一般要求达到 25 ~ 30 次。通过这种形式，队员就可以了解自己活动的效果如何，以便改进。

（二）进行特殊规则的比赛

在分组比赛时，规定双方各有一个队员每投中一次得 5 分（罚球除外），双方互不清楚是哪一名，比赛两节，时间各为 5 分钟，两节之间休息 2 分钟，由教练员记分。在进行完第一节比赛后，公布比分。在休息期间内，双方队员根据比分来回忆第一节比赛情况，通过观察加以分析，确认投中一次得 5 分的队员，从而在第二节的比赛中抑制其作用。通过这种训练方法，可以培养队员的记忆、观察和分析问题、判断问题的能力。

（三）在训练比赛中，多设置比赛"残局"

比如离比赛结束还有 3 分钟，两组比分十分接近，我方领先怎样打？对方领先怎样打？让队员自己研究攻守策略。教练员也可以规定一方必须采取两种防守形式，如指定采用半场盯人和全场紧逼两种形式，可以交替运用。因为同属一队，进攻路线彼此非常熟悉，这就要求另一方研究进攻策略，给对方提出了更高的要求。通过这种训练可以培养队员的创造能力，让队员学会动脑子打球，还可以提高队员的应变能力以及对待比赛残局的适应能力和解决问题的能力。同时，教练员也可以从中发现一些好的进攻、防守方法、发展攻守战术，充分发挥集体作战能力。

六、智能训练的注意事项

提高运动员对智能训练重要意义的认识，使他们能自觉积极地配合教练员进行智能训练。在进行智能训练时，要根据运动员的实际情况制订训练计划，不要千篇一律。

大部分运动员参加运动训练都是从少年开始的，因此，在进智能训练时应从一般基础理论开始，循序渐进。智能训练应列入多年、全年、阶段、周和课的训练计划之中，以保证有目的、有计划地发展运动员的智能水平。

智能训练的内容是多学科的组合，教练员应与运动医师和运动生理学、运动心理学、运动生物力学等方面的专业人员密切配合，共同研究或处理问题，并请他们给运动员做一些专题报告和实际指导。同时还应运用现有的高科技手段学习和借鉴国外的训练方法来加强自己的智能训练手段。

智能训练是一个学科群的组合训练，教练员要运用科学的方法定期评定运动员的智能水平，让运动员的智能得到全面健康的发展。

第二节　篮球运动专项心理训练

一、心理训练简介

心理训练是指有意识、有目的地对运动员的心理过程和个性心理特征施加影响的过程。其目的是使运动员的心理产生最适宜运动训练和运动竞赛的变化，具有自我动员、自我调节和自我控制的能力。

篮球心理训练是适应现代运动竞赛的需要而运用发展起来的。任何竞技运动项目都与竞赛有着不可分割的联系，现代篮球竞赛的最大特点，就是对抗性越来越激烈凶悍，在比赛双方身体、技术、战术水平势均力敌的情况下，胜负往往取决于心理素质训练水平的高低。我国男女篮球队在参加的国际大赛中，心理训练水平较低导致失利的情况屡见不鲜。因此，加强我国优秀运动队伍的专门心理训练刻不容缓，尤其职业化后的主客场联赛，使得心理因素对球队的影响愈加重大。为此，在篮球训练中有关人士至少在口头上已愈来愈重视心理训练，正在努力提高运动员心理活动的水平。[①]

---

① 刘强. 基于多维视角的高校篮球教学研究[M]. 北京：人民日报出版社，2017.

心理训练是一个教育过程，应遵循自觉自愿、重视个体差异、持之以恒的原则，并根据不同对象（性别、年龄、运动经验、智力水平等）和不同要求，有重点地、区别对待地进行。心理训练要有针对性，特别要注意全面与重点相结合原则，必须与身体、技术、战术等训练有机地结合起来。例如表象训练，只有在技术训练的基础上进行才能收到实效，促进技术提高与发展。在心理训练内容方面，应当包括心理过程和个性特征的训练，只进行全面的心理训练而忽视重点的心理训练，也不利于技能的提高和发挥。在训练方法上，应根据篮球运动项目和个体的心理特点来选择和使用。

篮球运动员专项心理训练是根据篮球运动的特点和竞赛的需要，对运动员施加影响，促使其能在比赛极度紧张的条件下保持与提高自己的情绪状态，具有自我心理调节的能力，以利发挥运动能力的心理过程。运动员的专项心理训练有比较具体的含义和内容，它能保证为比赛和完成难度很大的训练作业做好准备，从而去发挥最佳水平。

二、篮球专项心理训练的任务

在篮球运动员心理训练中，专项心理训练是重要组成部分，也是高水平运动员现代化训练的重要内容。为了达到篮球比赛所需要的心理准备，有以下一些具体的训练任务：

（1）促进和改善运动员的专门化知觉、记忆、想象、思维等心智能力。

（2）适应能力训练，特别是适应比赛活动，保持情绪的稳定性和适宜的兴奋状态。

（3）对完成技术动作有很好的自控能力。

（4）能在瞬间做出准确的时空判断和有较好的"时机感"。

（5）能调节和消除自己在训练和比赛中的紧张状态。

（6）有坚强的意志品质，在训练和比赛中为实现既定的目标克服困难而努力。

以上任务的实现和心理活动水平的提高，在很大程度上取决于运动员注意力集中与分配以及注意的转移能力。由于篮球比赛中运动员的决定是来自大量而带有外向性特点的注意，从一种注意转向另一种注意的能力，所以控制注意力范围和方向的能力是篮球运动员心理活动水平的重要组成部分和注意力可塑性的标志。它们一方面是决定运动成绩的最有效的因素之一，另一方面也是在篮球训练实践中形成的，是篮球运动员所必需的心理素质。在篮球比赛中，必须要求运动员具有不断完善运动技术的愿望，对比赛中发生的情况能找出有效的解决办法，而机智、果断、勇敢、灵敏、情绪的稳定性，注意力范围大，并能迅速转移和保持稳定，就能在完成比赛动作时反应快速、准确和运用自如。篮球比赛的活动处于不断变化的动态之中，要敏锐地观察判断情况，果断做出决定与对手抗衡，这时理性和情感占据首要地位，也决定了专项心理训练的内容。

意志品质对篮球运动员来讲尤为重要，意志是指为了达到既定的目的，根据目的支配自己克服各种困难，从而实现目的的心理过程。意志是意识中的一个积极方面，它与理智和情感相统一，在困难的情况下调节人们的行为和活动。运动员主要的意志品质包括坚定的目的性、主动性、自觉性、果断性、勇敢性、自制性、坚毅性等，这些品质与人的任何特征一样，很难进行直接的评价，它们在各个竞技项目中的作用，也是难以严格区分的。

实践证明，全面地培养意志品质应当成为心理训练的主要内容之一。特别是高水平运动员的智力水平发展的要求很高，这样才能使他们意识到自己在比赛中的地位和取得运动成绩的社会价值，从而更好地创造性地对待训练任务。所以说，专项心理训练水平是与运动员的智力表现密切联系的。智力的具体内容有：在训练和比赛过程中把注意力集中于有效地完成动作上的能力，有效地接受知识的能力，逻辑思维、联想、创造性思维能力，以及在行动中观察、接受和利用信息的能力等。

篮球运动员专项心理训练应针对比赛的需要和运动员的个体差异性进行操作性"调整"（尤其面对国际大赛和职业俱乐部球队联赛时），除了以激励为基础经常保持稳定的动机之外，应与和比赛任务有关的动机相联系，而动机变化取决于个人定向和任务的意义（包括情感态度），还应结合具体情况去增强动机。运动员的操作性心理调整，除了教练员相应的作用以外，还要求运动员积极和大胆地使用一系列自我集中和自我动员的方法。这些方法应是通过专门心理训练已经掌握了的。自我调整方法包括内部激励性的自言自语、面临行动的"自我交谈""自我命令"等。调节特点是要使运动员引起高度的心理紧张状态，即心理应激。必须克服抑郁状态，建立自信和最佳情绪，在过分兴奋状态下，应降低它的程度，但不能损害它的高涨，保证在训练和比赛过程中情感的稳定性。解决以上这些任务应当是综合性的，以便更好地达到有效的调节。其中包括下列因素、手段、方法和条件：

第一，对运动员教育和运动员自我教育的一般因素。教练员的动员和帮助的作用，集体中的友谊、乐观、进取精神的气氛，意志的培养和自我培养。

第二，从心理训练的角度，安排具有专门方向的运动训练手段、方法和形式。在调节赛前状态过程中可使用"激活性""安静性"以及"放松性"练习、"注意力"练习、"准确性"练习和专门针对降低紧张度或集中注意力的呼吸练习，通过最佳的交替负荷和休息，形成合理的负荷状态，有节奏地交替训练的主要方向。

第三，对比赛条件的适应和调节比赛的紧张程度。合理组织优化赛前状态和培养运动员的心理稳定性。

第四，心理调节和自我调节的专门方法。即心理调节训练，包括暗示和自我暗示法，一方面消除过分的心理紧张，达到放松和一般的恢复；

另一方面去激活和过渡到积极的活动状态。既针对"安静"，又针对"动员"，将心理调节训练与意念练习相结合，用以纠正技术性错误，调整动作速率和节奏，使之对具体比赛形势形成必需的定向。

第五，有助于优化心理状态的自然环境条件、卫生因素和其他环境因素。

总之，篮球专项心理训练应是带有技能性和操作性的心理训练。关键还是自我调节。

三、篮球专项心理素质的基础分析

篮球专项心理素质是指运动员在具有一般心理素质的基础上，通过训练所形成的有专项特点的心理素质。众所周知，运动技能的形成是在多种感觉机能的协调配合下，同大脑皮层运动中枢及其他有关区域建立暂时性联系的结果，是运动员经过反复练习所获得的技能。在建立运动技能的过程中，本体感觉起着非常重要的作用。每个技术动作、每一个细小的动作成分都与一定的关节和肌肉工作相联系，经过反复练习，不断完善，才能建立正确的动作模式。例如在训练投篮时，不论在什么位置、距离上进行，都要强调处理好投篮入射角与抛物线的关系，瞄篮点是肌肉感觉的前导，是视觉与本体感觉的联系。所以说，专项心理素质与一般心理素质两者是有机联系不可分割的。

（一）专门化知觉

专门化知觉是指运动员所从事的专项运动的某些心理的特殊感受知觉，它们是一种复合知觉，也是运动员主要的心理因素之一。篮球运动员的专门化知觉，如球感和时空感等。

1. 球感

球感是运动员在长期持球训练过程中发展起来的对篮球球体的一种专门化知觉，它的特点在于对球的性能（包括球的形状、大小、轻重、弹性以及通过身体用力使球在空间运动的速度和方向的变化）达到极为精细分化的程度。球感是一种复合知觉，是在练习球时进入视觉分析器、运动分析器和能力分析器的各种刺激物进行精细分化，并在大脑皮层中形成复杂而稳固的神经联系的结果。它也反映着运动员其他方面的多种素质，是经过刻苦训练和反复实践才能获得的。运动员球感的精度和广度是运动技能高低的标志，也是运动员最重要的专项心理素质之一。

运动员形成了精确、敏锐的球感后，不仅增强自信心和对抗胆量，使自己在球场上的行动也获得自主和自由，而且可以把注意力转向解决攻守中的判断与技、战术动作的运用上，变得灵活自如。这种知觉也使运动员在完成传球、接球、运球、投篮、争夺球权的行动上达到稳、准、狠、快、巧。所以说它是高水平运动员突出的心理特点之一，也是比赛争取胜利的重要因素。

要想球感好，必须坚持长期触及球的训练，做到球不离手，否则此种感知觉必然不能形成。即使暂时建立某种初步知觉，也会逐渐消退或减弱。通常在情绪过于激动或身体过度疲劳的情况下，球感也会减弱。

2. 时空感

时空感是指篮球运动员在球场上对时间和空间的判断能力。判断来自运动员对时空的感知觉。时空感好，才能在动态对抗中完成攻守技术动作和战术配合。它也是一种复合知觉，也是运动员所必备的专项心理素质。由于篮球运动对抗特征是地、空双向展开，所以运动员的时空感强，比赛中才能在瞬间争取时间而得空间的自由，并占据空间取得时间的主动，创造防守中获球或进攻中捕捉住攻击的机会，做到有机不失。时空感对各个不同运动项目是不同的，篮球比赛攻守对抗瞬息万变，所以时间知觉特别重要，必须是反应敏捷，行动果断。所谓空间知觉，是指场上运动员对同伴、对手、球篮、位置、距离、高度等因素的判断与反应，它们之间相对的位置与转移的路线和速度等，都是空间判断的依据。篮球运动对时空感的训练中的视动反应、预测反应、选择反应等有更高的要求，要视野范围广阔，有良好的深度知觉和方位感，对人和球的移动、方向、距离和速度等都要有准确的判断和把握。

（二）情绪稳定

情绪是情感体验在心理过程进行中的具体表现形式，是人类对客观事物的态度体验及相应行为的反应。体育竞赛中的情绪稳定，是运动员最佳心理状态中最核心的内容，是训练水平正常发挥的保证，所以情绪稳定是运动员主要的心理因素之一。

人的情感是在实践活动中产生、发展和变化的，篮球运动员在训练与比赛过程中也会产生与发展相应的情感体验。由于篮球比赛紧张激烈，运动员的整个身心都处于极度的紧张状态，因此，伴随产生的强烈而鲜明的情感体验也是丰富多彩的。这是和篮球运动比赛的复杂多变以及运动员的个人特点的多样性相联系的。尤其势均力敌的比赛，客观条件复杂多变，运动员的情感也随之不断变化，表现出多变性的特征。由此，运动员情绪必然会直接影响训练与比赛的质量与效果，甚至导致比赛的胜负。因此，要特别注意对运动员情感的倾向、深度和稳定等因素进行及时的调节与自我调节和控制。尤其面对强手，在比赛前和在激烈拼搏的比赛中，运动员的情绪必须适度，过于兴奋或消极低沉都会对比赛产生负面的影响。

所以要重视做好赛前的准备。首先，要对运动员赛前心理状态进行分析，对过分激动、淡漠或盲目自信等状态，要分析原因与后果，引导运动员有良好的精神准备状态。其次，要在比赛中采取相应的手段以使运动员保持稳定的心理情绪。所谓稳定情绪，就是使运动员保持比赛中适宜的兴奋状态，把平时的训练水平更好地发挥出来。比赛过程中，随着战局的起伏，运动员常常是由一种情绪状态转入另一种情绪状态。因此，特别要注意区分比赛中陶醉状态与狂热状态、悔恨状态与消极状态。为此，要通过针对性的暗示，鼓舞信心与斗志，消除紧张状态，指出问题与采取防范措施，保证比赛中战斗精神处于振奋状态，并激发比赛^最深刻和最复杂的情感，即运动荣誉感、自豪感、义务感和责任感，从而使运动员的力量、能力和意志得到最大限度的发挥。随之，在比赛后还应对胜利与失败的主要心理表现进行分析，从意志、适应性、思维的正确发挥及其对比赛成败所起的主要作用都要加以讨论，以提高运动员的心理素质和在个性特征方面作正面的引导。

总之，情绪稳定性在比赛中的作用是十分重要和显而易见的，保持镇定的情绪，是发挥全部潜力的主要因素，是取得比赛胜利的重要条件。

第三节　篮球运动比赛心理训练

一、篮球运动员比赛时的一般心理状态

篮球比赛情况千变万化，运动员的心理状态也会随着比赛的性质、任务和战局的变化而不断地变化，一个职业化篮球俱乐部球队的整体训练水平固然是比赛中取得优势的基础，但其良好的心理状态，则是临场技、战术水平正常发挥的重要保障。在篮球比赛中，强弱的转化往往是以某些心理因素干扰作为突破口的，例如强队败给弱队常是由于心理上的准备不足而形成的，所以当临场出现预想不到的比赛局面时，就完全可能陷入被动，其中最为主要的是情绪的变化引起技术的走样、战术的失调，最后导致失败。

（一）比赛前的几种心理状态

1. 对弱队容易产生轻敌思想，对困难估计不足

在比赛顺利时，又常表现得防守不积极，进攻中处理球随意。一旦遇到困难，特别是比分落后的被动局面时，就产生急躁情绪，也导致在防守时容易犯规；进攻中则消极松懈，不讲究基本打法，运用技、战术

也失去正常的动作节奏，导致成功率降低，失误频繁，从而由此造成力量对比上强弱转化。

2．对强队有两种心理状态

一种是敢于发挥自己的特点，在比赛中积极拼搏，斗志旺盛，从而发挥较好的或突出的竞技水平；另一种是"畏敌"情绪，缺乏取胜的信念，缺乏克服困难的积极性、主动性，往往导致临场出现斗志不高、动作犹豫、缩手缩脚的情况。

3．对势均力敌的队，产生想赢怕输的不良心理

这种"怕"的情绪，主要来自信心不足、怕字当头，如怕失误、怕投篮不中，也怕自己发挥不好而影响全队的胜负等。而对如何去克服困难则想得少，得失心太重，导致球场决策行动不果断，反应迟钝。

赛前运动员会对比赛抱有不同的态度和想法，因此，教练员要善于在赛前与赛中做好思想上、心理上的调整工作，克服各种非正常情绪；对与比赛有关的情况，要充分估计，仔细观察，认真考虑，冷静对待。既要鼓励运动员轻装上阵，放下包袱，迎接比赛，又要估计比赛中可能遇到的情况，及时采取措施，增强运动员的信心，全力投入到比赛中去。

（二）临场比赛中常见的几种心理现象

1．比分领先时常见的心理状态

（1）全队充满信心，士气高涨，技术、战术发挥正常，得心应手，不断扩大战果。

（2）产生松懈情绪，表现在比赛中防守时不积极，进攻时随便处理球，使比赛转化为不利局面。

（3）盲目自信，臆想扩大战果，导致情绪急躁。当攻守暂时失利时，往往会产生急躁，进攻时急于求成，防守时容易出现犯规现象等。

（4）由于思想松懈导致比分起伏时，情绪低落而显得不知所措。一种是表现得紧张、急躁，打法变乱，成功率低；另一种是表现得沉闷、

消极，节奏混乱，士气下降。

对上述心理状态，教练员要分清场上主流与支流，及时采取预防、稳定措施，及时相应调整阵容和打法，采取应变策略。

2．比分落后时常见的心理状态

（1）全队思想统一，攻防积极，充满信心，殊死一搏，顽强应战，士气高昂，从而变被动为主动。

（2）缺乏信心，攻守都缺乏主动性和积极性。

（3）队员之间相互埋怨，互不谅解和理解，导致球场上行动不统一，打法上不协调，全队实力无法发挥。

随着战局与比分起伏，情绪与心理承受能力失控，导致个人或整体出现被动局面。

3．比分相持和决战阶段时常见的心理状态

（1）全队思想行动一致，决心大，攻守成功率高，甚至能超常发挥。

（2）由于思想上胜负包袱重，导致思路较窄，出现意想不到的决策与攻防战术运用的错误。

（3）由于竞争激烈，导致情绪紧张，出现怕负责任的行为。

（三）比赛中运动员的几种特殊心理状态

（1）有些运动员常因比赛开局或换上场开始时技术水平发挥得好坏而产生不同的心理状态，如发挥得好就信心十足，反之则信心不足，甚至一蹶不振。

（2）主力替补队员，常有战局变化不利于本队时渴望上场的强烈愿望，由此产生各种心理障碍，一旦上场有时由于过于自信而失常，有时能打出水平，而且能正确对待自己。

（3）一些年轻的队员，由于缺少比赛实战的锻炼，一般心理比较紧张和胆怯，因此一旦上场比赛往往不知所措。然而也有一些年轻队员，性格开朗，跃跃欲试，敢于在场上展示自己与强手争高低的潜能。教练员调配使用时要区别对待。

二、篮球运动员比赛时的心理训练

比赛时由于通过实战分胜负，加上由于对手、裁判员、观众、传媒等因素刺激，必然引起运动员心理上产生不同变化，因此，教练员和运动员都应该重视比赛时的心理训练。通常应以自我调节机制为基础，树立正确的比赛观，调节心理状态，消除紧张情绪，形成良好的心理状态，保证竞技水平的正常发挥，争取比赛的胜利。

（一）赛前心理训练

1. 赛前的心理状态

一般情况下，如果思想、身体、技术和战术准备较充分，知己知彼，认识统一，运动员在赛前的体力、技术和战术等方面不会有太大的变化，可能变化的是以情绪变化为主的不同心理状态。而造成赛前不同心理状态的原因主要有对竞赛重要性的认识问题和对成功的渴望与对失败的恐惧（想赢怕输）。概括起来有以下四种类型：

（1）最佳竞技状态。这是理想的赛前积极应战的心理状态。主要表现为对竞赛跃跃欲试、斗志昂扬、注意力集中和有适度的兴奋性等。这种状态的基本反应为：清醒地认识自己的力量，具有顽强战斗和取胜的志向，有适宜的兴奋程度，有高度抗干扰的能力，有自己控制动作、思维、情绪和整个行动的能力。[①]

（2）赛前焦虑状态。具体表现为在赛前一段时间生理反应失调，如吃不下饭、睡不着觉、心跳加剧、呼吸不畅、身出虚汗、四肢发凉、尿次增多等。心理表现为提心吊胆、担心害怕、注意力涣散、急躁易怒、坐卧不安、手脚哆嗦、动作僵硬失调、头脑昏沉、兴奋过度等。

（3）赛前抑郁状态。这是一种"比赛淡漠"心理状态。这种状态表

---

① 刘强. 基于多维视角的高校篮球教学研究[M]. 北京：人民日报出版社，2017.

现为对竞赛态度消极、没有欲望、打不起精神、意志消沉、注意力分散、对自己的运动能力产生怀疑、动作呆板、食欲和睡眠不正常等。形成这种状态的主要原因是因多次在竞赛中表现不佳而形成缺乏信心的自卑感，或因对比赛自估值过高与实际结果较差形成的失望感。教练员要分别情况进行思想教育和针对性的心理调节。

（4）虚假自信状态。这种状态主要表现为口硬心虚，实际上缺乏自信心；虚假自信心，实质是认识上的片面性和在心理上的一种恐惧症反映。教练员要善于引导教育，端正其比赛态度，正确摆正位置，有针对性地进行心理调节。

2．赛前心理准备

（1）建立正确的竞赛心理定向。将竞赛心理定向在运动员所能控制的事物上，不是指向竞赛的结果。这样反而容易把握竞赛，赢得胜利。要明确指出运动员能够控制的是自己，内因是决定自我的主要因素。竞赛场地、观众、裁判员、对手、气候等外因要通过内因才能起作用。

（2）教练员要制订周密的竞赛方案，尽可能地设想一些场上可能出现的情况和采取的对策。

（3）调整好赛前心理状态。首先要运用心理诊断的理论与方法来确定并掌握运动员比赛前处于何种心理状态及其程度，其次要有针对性地运用心理调整方法来帮助运动员形成理想的赛前心理状态。

（4）做好全面的准备，仅仅在赛前从心理方面准备是不够的。不能形成心理学上的"木桶理论"。比赛中全队总体水平的发挥，显然也要受到身体、技术、战术等因素准备情况的制约。

3．赛前心理训练内容与方法

赛前心理训练的任务是为比赛做好心理准备，克服心理的不适应性，提高比赛的自我调节能力，为比赛打好心理基础。

赛前心理训练是一种特殊训练，具有鲜明的情景性和较强的针对性。

它是利用常规心理训练作基础，从比赛具体情景出发，针对运动员个体赛前的心理特点进行有的放矢的心理训练。它的好坏决定着运动员技、战术水平的发挥，直接影响比赛的成绩，所以说它是日常心理训练在特定条件下的延续，又是与比赛心理训练之间有机衔接的重要一环。在赛前心理训练中，教练员要善于要求运动员的身体素质、心理素质、技术动作和战术配合全面转化到最佳竞技状态，所存这些都要靠赛前的心理训练来完成。赛前心理训练内容包括以下几点：

（1）了解比赛双方队员技术、战术、个性和心理状态的基本特点，制订赛前心理训练的具体任务和实施大纲。训练大纲应从对方队员情况和假想对方可能采用的战术及相应的心理状态，结合我方战术和人员部署以及队员相互关系、心理默契、可承受的少理负担的实际，来确定心理训练的内容。双方的心理影响实质上是一种心理战术。教练员若能够分析透彻，掌握双方的心理倾向和战术意图，充分做好心理负荷的准备，就能处于主动的优势的地位，产生积极的心理影响，增强抵御对方心理压力的能力。

（2）针对运动员心理现状进行模拟比赛的心理训练十分重要。模拟比赛，由于近乎于正式比赛的环境条件，不仅可以从中提高技术动作、战术水平及身体素质的适应力，而且可以借此进行集体的心理训练。在模拟比赛中，应着重训练队员对比赛形势的心理适应性，提高彼此的心理配合、调节能力。对在模拟比赛中暴露的心理障碍，可以有针对性地采取心理调节措施加以纠正，进行修补训练。在模拟比赛中尽可能记录和收集各种心理反应，并留有充分的时间进行心理调节试验。要突出心理训练因素，着重心理调节，加强心理指导。

（3）教练员应针对运动员参加比赛时的主要心理障碍进行专门性心理训练，即针对不同的心理障碍，分别训练他们学会自我放松调节、集中注意力的调节和进行自我控制，提高他们的心理素质，发展他们的心理优势，树立克服心理障碍的信心，以长补短，发挥心理机能本身的主导调节的作用。

（4）准备好心理调节手段。在比赛前应当充分预料比赛中的情况，制订出应付各种情况的心理调节手段，并认真进行练习，熟练掌握，以备比赛时应用。心理调节手段的储备要有针对性，以防比赛中的措手不及，这是带有战略性的心理训练措施。

（5）抓好比赛时意志品质培养与教育，其中包括比赛信心和战术思维等方面的心理训练。比赛时运动员的最佳心理状态是由坚强的意志品质和以一般心理素质为基础的良好的专项心理素质，通过全面的实战型的心理训练而形成的。一个完整的心理素质结构，单靠运动员的个别心理素质因素是无法取得良好比赛心理状态和取得比赛胜利的。为了正确判定运动员的心理素质，在赛前可用心理测量手段检验各项心理指标，从而为培养比赛的最佳心理状态提供客观依据。

（二）赛中心理训练

1. 赛中的心理状态

篮球竞赛不仅要比智慧、比谋略、比体力、比技术和比战术，而且还要进行心理上的较量。比赛不同于训练，除了要承受更强的身体负荷外，还要承受更强的心理负荷。赛中的心理状态一般有理想的、不良的和恐惧的三种状态。

（1）理想的赛中心理状态。是运动员最佳竞技状态的一个重要组成部分。它是指各方面的心理机制和谐协调，最有利于发挥运动水平的心理状态。这种"进人角色""找着感觉"的状态反映，一是充分发挥自己的体能，运用自如，省力而不紧张；二是聚精会神，注意力集中地投人比赛竞争拼搏之中；三是身心和谐协调，动作感觉得心应手；四是感到竞赛是一种职责和义务，也是展尔自我的机会，队员相互间充满协同团结气氛，集体处于这种最能发挥水平的状态。

（2）不良的赛中心理状态。是一个消极的不利于全队协同作战的障碍。主要表现为比赛中过度紧张状态，其构成的重要因素是对竞赛胜负要求过高和负担太重、特定情录下的失去信心、不适应外界环境的干扰、本身训练不足或训练过度、过去比赛的阴影和运动员的基因和神经类型影响等。受到这种过度紧张状态干扰的运动员，常想摆脱而往往事与愿违，越发紧张，这与平时缺乏心理训练和赛前心理准备不足密切相关。

（3）赛中恐惧的心理状态。常有个别运动员容易在比赛中临，多对对手产生强烈惧怕心理，未战而先从心理上败下阵来，害怕与其交锋；有的对客观环境和对比赛结局都有恐惧感。产生的原因大致与过度紧张产生的原因相同，这种情况受运动员的性格和神经类型以及训练水平的影响更为突出。

2．赛中的心理战术

心理战术是指根据比赛中的实际情况施加心理影响的策略，其目的是使本方在比赛的拼争中获得主动与优势，直至获得最后的胜利。常用的心理战术有以下几种：

（1）知己知彼，避实击虚。

（2）出其不意，攻其不备。

（3）露强藐敌，先发制人。

3．赛中心理训练内容与方法

（1）比赛场上的心理调节训练。比赛中心理训练的任务是发展和维持赛前的最佳心理状态，并根据赛场双方心理状态变化情况，采取心理调节手段。在比赛过程中的心理调节是大量的，如由于对方改变战术，往往会引起运动员心理上的不适应；又如在比赛中，当双方的比分交替上升，赛场形势变化较大时，运动员会因此造成某种心理障碍等。这就要求教练员随时了解运动员内心变化的情况，并准备好各种心理调节手段以备随时运用。如果每名运动员都具有自我调节的能力，教练员只需作适当的提示。这需要进行长期的心理训练，特别需要教练员和运动员之间形成特殊的心理关系。

（2）赛场身心恢复训练。比赛是对运动员身心力量的考验，运动员的体力和脑力都消耗极大，特别是那些两队实力相当的比赛场次，其消耗量更大。因此，在比赛过程中，利用比赛间隙进行体力和脑力恢复是非常重要的。教练员必须适时采取心理调节措施，如精神放松和注意力转移等，以便加强运动员心理能量的恢复训练，这是坚持比赛并取得胜利的可靠保证。

（三）赛后心理训练

1. 赛后心理调整的意义

竞赛结束后，运动员不仅会感到身体疲劳，而且也会体会到心理疲劳。因此，作为教练员在赛后要重视心理恢复。因为赛后的心理训练好与差，直接影响下次比赛的成绩，涉及运动员整个心理状态的恢复和发展，也关系到运动员整个个性的发展和完善。教练员要十分清楚赛后运动员的心理活动并没有结束，只是改变了方式，他们隐蔽内心的变化，没有演变到一定程度也会以有形的方式表露出来。一次比赛的结束，实际上是下次比赛的赛前准备的开始。教练员应仔细洞察赛后运动员心理状态的表现，发现好的或不好的倾向和言行，要及时加以调节与恢复。善于捕捉和消除对下次比赛可能产生的隐患十分重要。赛后心理调整的主要意义，在于及时解决和消除直接影响下次比赛以及运动员整个身心健康发展的因素。

2. 赛后心理调整的方法

（1）身体、技术、心理的全面恢复。打一场比赛，运动员的身心力量消耗巨大，随着身体能量供应的不足，技术动作和战术配合的质量都会因此而降低。所以，赛后的心理恢复训练是全面的。主要方法仍然是心理训练的基本方法，要结合具体对象特点及身心技术和战术变化情况进行，既要全面又要有所侧重。

（2）赛后紧张情绪的解除。伴随着比赛而产生的运动情绪，并不随着比赛的结束而消失，有些运动员在比赛中的冲动情绪常会延续到赛后，如比赛失败而迁怒于人，推卸责任；也有因比赛胜利而得意忘形，听不进善意的劝告，视提意见者为妒忌，或因受表扬而骄横等。这种紧张情绪的消极作用是十分明显的，不仅继续消耗运动员的身心力量，而且因长时间不能恢复正常而仍陷于自我陶醉之中。解决赛后遗留的紧张情绪，可用放松、注意转移、改变认识等方法。总之，要采取有意识的心理训练措施与方法，不能放任自流。

（3）赛后自我形象的修整。在比赛过程中运动员的形象随着战局变化而变化，胜时容易夸大，过分美化自己，以理想代替现实的自我形象；败时又会缩小、歪曲自己的形象，缺乏客观的、真实的评价。赛后自我形象修整的任务在于：在头脑中重新恢复自己的本来面目，除去不真实的成分；对自我形象中的长处与不足，要使前者发扬，后者抑制；同时不断地在实战中树立新的理想的发展形象，使运动员的心理状态不断向上，全面发展。常用的训练方法有想象演习法、想象训练法等，前者为整个自我形象的内心表演过程，后者是对形象中的个别成分进行修复训练。

总之，随着现代篮球竞赛的日趋激烈，胜负的决定因素相互交错，运动员情绪也变化万千，为此，重视全面训练中的心理训练显得格外重要，它不仅影响比赛的结果，而且反映着教练员的智慧才干和运动员的训练水平。

三、篮球运动员心理训练的方法

心理训练已成为现代篮球运动训练系统不可缺少的一部分。一方面，它影响、制约着运动员身体、技术、战术水平的改善和体现；另一方面，它可促进篮球运动员心理过程的不断完善，形成专项运动所需要的良好个性心理特征，获得高水平的心理能量储备，使其心理状态适应训练和比赛的要求，为达到最佳竞技状态和创造优异成绩奠定良好的心理基础。

（一）结合体能的心理训练

现代篮球运动的激烈对抗和快速的攻守转换对运动员的体能要求越来越高，体能训练受到高度重视。体能训练通常是枯燥的，而枯燥感的形成通常是因为训练方法的单一或训练的目标不明确。体能训练是培养运动员目标设置，培养坚韧、顽强的意志品质最有效的方法和手段。

（二）结合技术的心理训练

篮球是技术性要求很高的运动项目，技术训练是任何时期都不可缺少的训练内容。技术训练过程也是提高运动员个人思维能力和表象能力的过程。教练员和运动员在对专项技术发展规律充分理解的基础上，使运动员学会心理训练的方法，使心理训练为技术训练服务。结合技术的心理训练关键在于对技术和心理训练的深刻理解。理解技术本身对心理素质有何要求，理解心理素质如何对技术发挥作用。

（三）结合战术的心理训练

篮球战术训练中包含的最重要的心理训练内容就是思维训练和团结凝聚力的培养。个人思维训练结合个人战术行动进行训练可以培养运动员的战术意识；集体思维训练结合全队和局部战术配合进行训练可以培养运动员之间的配合意识。运动员对场上情况的观察、判断、预测，以及对同伴和对手行动意图的理解，均需要运动员积极的心理参与。可以说，战术训练本质上就是心理训练。另外，增强团队凝聚力，教练员要学会一些特殊的干预方式或策略，结合运动员的具体情况，因人而异，培养团队凝聚力，形成团队风格。

第七章 篮球运动创新教学研究

第一节 慕课在篮球教学与训练中的运用

一、慕课的概念与特点

（一）慕课的概念

慕课（MOOC）是大规模在线开放课程教育平台（Massive Open Online Courses）的简称，是近年来开放教育领域出现的一种新课程模式。慕课的定义，是指由主讲教师负责的支持大规模人群参与，由讲课视频作业练习论坛互动邮件和考试相互交织的网络教学过程。慕课这一专业术语最早是在 2008 年由加拿大爱德华王子岛大学网络传播与创新主任 Dave Cornier 与国家人文教育技术应用研究院高级研究员 Bryan Alexander 两位学者共同提出来的。

慕课最初在国外的著名高等院校诸如美国的哈佛大学、耶鲁大学和麻省理工学院得到运用。我国的北京大学、上海交通大学等是 2013 年之后才开始发展慕课的，之后又有许多的知名大学纷纷加入慕课团体。也就是说，慕课正式进入中国市场是在 2013 年，从这个角度来看，我国对慕课的应用历史是非常短暂的，尽管如此，我们从中获得的利益却是不菲的。

目前，在我国虽然慕课课程涉及多个学科门类，但体育类课程的设计与开发却较少见，尤其是针对高校学生的体育类慕课更是寥寥无几。

（二）慕课的特点

与传统课堂针对单一教师授课和学生数量确定的封闭式教学环境相

比，慕课能够灵活支持听课时间和学生数量弹性变化的开放学习环境。其主要特征包括以下两点。

（1）由知名学校的明星教授或教师录制课程并通过网络免费或有偿对所有学习者开放。

（2）每个微课程的核心内容是某个知识点的视频展示，利用各种类型的教学素材充分展示知识点所涉及的要点，并配以教师的语言讲解；此外，还包括教师精心设计的与所授知识点内容相关的精读材料、自测、讨论和过关作业等环节。

二、高校慕课设计的基本步骤

高校慕课设计的基本步骤如图7-1所示。

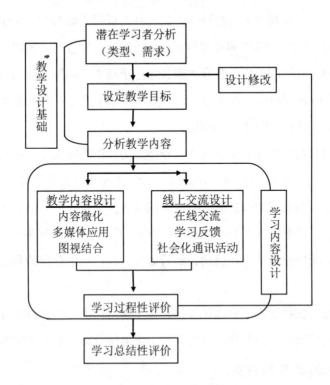

图7-1　高校慕课设计的基本步骤

　　从整体上讲，慕课的教学设计可以分为两大部分，教学设计和实践教学线上交流设计，并且在设计完成之后对整体进行评价。

　　第一，与传统的课程设计开发相类似，普通高校体育慕课在设计制作时中，必须先明确教学对象，分析教学对象基本情况，包括教学对象的类型和需求，并根据具体情况确定课程整体目标。

　　第二，在确定教学目标之后，根据教学目标分析确定教学内容。教学内容的确定必须依赖于清晰明确的教学目标，比如我们的教学目标是让学生能够学习并掌握篮球的投篮技术，那么教学内容就一定要围绕投篮技术和技巧进行讲解，若讲解篮球的投篮规则就偏离了主题。

　　第三，在分析确定教学内容之后，就完成了教学设计部分。接下来就要进行具体的学习内容设计。学习内容的设计主要分为两部分：教学内容设计和线上交流设计。[①]

　　第四，在教学设计的过程中要特别注意教学内容的微化，每一节慕课教学课程只能讲解某个特定的知识点、技能或者存在的突出问题。对于内容较多的情况则最好选择另外设计课程，分开进行讲解。另外，在慕课的讲解过程中要利用多媒体进行图视结合，根据教学的需求，寻找、制作教学素材，以更合理更简洁更直观地向学习者展示运动技能点。

　　第五，线上交流的设计，其目的在于活跃课堂，加强师生以及学生之间的交流。对于学生不懂的问题及时解决，并且在交流过程中，交换学生之间的思想，更利于促进知识的多样性的发展。通过数字化的教学手段也让老师更好地掌握学生的学习情况，了解学生学习过程中的难点，从而针对性地进行教学。

　　第六，根据学生的学习情况进行教学评价，根据教学过程中暴露出的问题对教学设计进行修改完善，以保证整个教学视频的完整性、简洁性、可看性以及可操作性。

---

① 罗君波，李政洪. 现代高校篮球运动教学的创新性研究[M]. 长春：吉林大学出版社，2016.

第七，对整个慕课设计进行总结性的评价，保留优势，分析存在的问题并加以改进。

三、慕课在篮球运动教学中的实践应用

（一）技术教学应用

体育教学中会涉及很多的技术动作等，比如篮球教学中对于转身动作的学习，这个技术动作规范的做法是左脚向前跨出一步为中枢脚，然后右脚用力蹬地后撤，顺势做后转身动作。在转身的同时，右手按拍球的右前方，将球拉引至身体的侧后方落地，转身后换用左手推拍球。看似简单，但是对于初学者来讲在接受和学习过程中会存在一定的难度，比如重心的掌握，如何控制低重心，并且怎样确保动作规范的基础上保证整个动作的连贯性等。这就要求教师在讲授过程中要反复强调重难点，并要反复示范具体动作，并且有针对性地去教授学生难以掌握的技术。对于这些需求，传统的教学方法实施起来会耗费教师大量的时间和精力，而且效果也不一定很好。慕课教学的宗旨是以视频的形式单独讲解某一个小知识点，因此学生可以根据自己练习过程中存在的问题有目的性地去反复看视频中的动作示范，从而更好地提升教学效果。

（二）课程教学应用

高校体育课是一门以身体练习为主要手段、以增进学生健康为主要目的的必修课程，是高校课程体系的重要组成部分，是突出健康目标的一门课程。是实施素质教育和培养德智体美全面发展人才不可缺少的重要途径。课程强调的四个基本理念如下。

（1）坚持"健康第一"的指导思想，促进学生健康成长。

（2）激发运动兴趣，培养学生终身体育的意识。

（3）以学生发展为中心，重视学生的主体地位。

（4）关注个体差异与不同需求，确保每一个学生受益。

慕课的教学模式在体育教学中的应用大大增强了教学的灵活性和趣味性。体育课程种类多样，除了篮球以外，还包括足球、太极、武术等。不同的课程设计不同风格的视频，比如篮球课更加强调竞争性，而足球更加突出团队合作而太极则更多地突出其柔美等。

（三）全民健身应用

体育教学的最终目的就是要提高学生的身体素质，增强学生体育锻炼的意识。体育教学不单单是简单地传授知识，更多地还有呼吁大家重视体育锻炼和身体素质。因此，在慕课视频教学的制作过程中可以设计不同的风格，在传授知识的同时，用运动的魅力来感染大家参与到全民健身的潮流中。

第二节　多媒体技术在篮球教学与训练中的运用

在体育教学中，如何把握多媒体教学与传统教学两者之间的比例关系是非常重要的。虽然多媒体教学具有巨大的作用，但鉴于体育教学户外锻炼的特殊性，就必然使得多媒体技术在体育教学中只能起到辅助教学的作用。

多媒体技术在体育教学中起到的辅助作用在体育理论课和体育实践课中都有所体现。为此，对这方面的研究就应该从这两方面着手。

一、多媒体技术在篮球理论课中的应用

（一）多媒体技术辅助篮球体育理论课的可行性分析

教学是依据教学内容而具体展开的，由教师的"教"与学生的"学"彼此协同构成的双边活动，体育理论教学是在教师、学生和媒体的共同

参与下，运用适当的方法，指导学生掌握体育知识，培养体育学习能力和良好思想品德的一种有目的、有计划的教育过程，整个过程可描述为教师媒体反馈学生，教与学是相辅相成的。传统的教学媒体主要是教科书、粉笔、黑板，在信息高速发展的今天，原本这些传统的信息传递工具已远远不能满足现代教学的需要。因此，根据时代发展所提出的教学要求，从特定的教学关系与教学内容的实际出发，为提高教学效率和增强教学效果，在灵活地运用传统教学方法的基础上，引入多媒体技术来实施教学，使教与学的双边活动构成一种互激放大的自治系统，是行之有效的。科学技术的迅猛发展，使许多高科技成果直接引入教育领域。目前，大部分高校都配有多媒体教室，这就为改革传统的体育理论教学方法和手段提供了坚实的物质保障。①

（二）多媒体技术辅助篮球体育理论课的优势

1. 系统指导学生学习

教师用现代化的教学理论来组织安排篮球教学内容和教学程序，能优化教学内容，使教学过程系统化、规范化，软件涉及内容丰富，重点提示简明扼要，练习形式多样，操作灵活，界面友好。然后再通过人机互动，使高密度、大容量、生动活泼的学习内容能更好地引导学生进行学习。

2. 学生可用其进行自我学习及自我评价

教师只要把教学课件制作好，就可以反复使用，学生不仅可以在课堂上学习，而且也可以在课后从计算机中拷贝相应的知识进行自学，并利用其存储的试题进行自我评价。

3. 提高学生的学习兴趣和学习效率

学生对外界的新鲜事物具有高度的敏感性，同时在体育理论学习

---

① 罗君波，李政洪. 现代高校篮球运动教学的创新性研究[M]. 长春：吉林大学出版社，2016.

中需要除本体感觉外的大量感觉信息，特别是视听信息。这类信息在传统教学方法的教授下是无法实现的，而多媒体技术具有的特性可以给体育教师提供强有力的帮助。对学生而言，丰富多彩，活灵活现的画面展示具有较强的吸引力，多媒体技术在演示理论的广泛性、整体性、生动性和细节性上能充分发挥其优势，可使教材中的重点、难点细节以文字、声音、图像、动画等方式以三维空间的形态获得描述，让学生一目了然，熟记于心。同时，多媒体教学方式还可以活跃课堂气氛，增加教与学的互融性，充分发挥学生认知系统的优势，进而提高他们的学习兴趣。

4．有利于更新教学观念，提高教师自身素质

教学改革要求培养复合型、创造型的人才，在教学内容上改"素材"为教材，教法多样性与时效性相结合，创造出有利于学生理解概念、掌握方法、体验乐趣和学会健身的新教学模式。多媒体技术辅助教学，能挖掘和培养学生的潜力，使学生在扩展知识的同时，具备对学习新知识的好奇心，探索欲和对事物的主动思考能力，从而促进学生素质的全面发展，这些是传统体育理论教学所难以达到的。体育教师在使用多媒体技术辅助教学时，由于其在制作课件时需准备大量的素材，使用现代化仪器设备，并在教学中熟练操作这些设备，所以对其自身素质的提高起到了促进作用，其素质高低直接影响教学效果。

综上所述，多媒体技术辅助体育理论课教学可以更好地激发学生多种感觉器官以使其在短时间内最大限度地接收信息。教学内容的多媒体化，能把文字信息编码成图像加以同步识别，使教学声像俱全、图文并茂，做到清晰易懂，学生容易牢记于心。

用计算机作为教学媒体，体现教学手段的现代化，其具备多方面的教学功能，这是传统教学方法无法比拟的。多媒体技术辅助教学，大大缩短了学生学习消化的时间，加速了学习进度。

二、多媒体技术在篮球实践课中的应用

由于体育教学的特点决定了大多数体育课的用时是实践课，要求体育教师和学生共同参与到体育运动中去，再加上体育运动的场所大多为室外，因此，如何应用多媒体技术来辅助体育实践的教学就是一个非常值得研究的问题。具体来看，多媒体技术在篮球实践课中的作用主要体现在以下几点。

（一）运用灵活，重点在激发学生的学习兴趣

在体育实践课教学中，通过多媒体的声、光、色、形对学生的心理产生影响，满足他们旺盛的求知欲和强烈的好奇心，激发他们的学习兴趣。例如，在进行篮球基本战术配合的教学时，由于大多数学生对此了解不多，因此学生在配合教师进行战术示范时通常会表现得有些迟钝或紧张，因此即便花费了不少时间教学，但成果却并不显著。为此，就可以考虑使用篮球游戏软件进行辅助教学，这类软件可在竞赛规则允许的条件下随意设置比赛环境，进而更加直观地表现出各种战术配合的形态。

（二）化难为易，化动为静，有利于攻克教学的重点与难点

包括篮球运动在内的众多体育运动，其技术不仅结构复杂，而且需要在瞬间或对抗中完成，如运球、投篮等技术。这种不能在稳态中完成的动作会给相应的技术教学带来困难。这种困难主要表现在教师的示范动作受自身条件的限制，如教师对动作要领的领会程度、教师的年龄、临场身体状况、心理因素等，很多体育教师很难自如地完成动作。此外，学生的观察角度和时机也受到一定的局限。这主要是因为这些在瞬间完成的技术动作稍纵即逝，综合难度较高，学生很难把这些动作看清，也就很难快速建立完整的动作表象。为了解决这个问题，就可以利用课件演示把教师很难示范清楚的技术环节通过慢动作、暂停、重放等媒体技术形象化、具体化，变动为静、变快为慢，进而有利于学生抓住动作要

领，突出对重点和难点的学习，如此则会明显提升学习效率。

（三）通过动作对比，纠正错误动作

利用多媒体技术，把优秀篮球运动员的比赛录像或图片以及运动技术的难点、重点和常见的错误动作制作成课件。在上课时让学生观看，并与他们一起分析比较，提出问题，解答问题，使学生边看边听边想，这样就能够使学生在练习中避免许多常见错误动作的发生，达到既快速掌握动作，又培养了学生的观察能力和分析能力的目的。例如，在对单手肩上投篮的技术进行教学时，学生很难掌握由下至上依此借力的感觉，造成最终的投篮不能很好地发力，为此如果运用多媒体技术就能将错误的动作捕捉下来，将之与正确的动作相对比，可以更加直观地向学生展示正确动作与错误动作之间的不同。

第三节 分层次教学在篮球教学与训练中的运用

一、篮球分层教学的含义

篮球分层教学指的是在篮球教学中教师以学生的个性差异、兴趣能力差异、篮球水平差异等实际情况为依据展开针对性教学。[①]在篮球教学中，每个学生都有自己的个性，能力水平也有不同，对此，教师必须做到区别对待，因材施教，采用不同的篮球教学方式进行有针对性的教学，从而让不同能力的学生都能有效掌握篮球知识与技能，促进篮球教学效率和实际效果的提高。在分层视角下进行篮球教学，还要求在篮球教学考核中，以学生的不同层次水平为依据对考核难度进行不同的设置，将主次和逻辑关系分清，以充分发挥分层教学的作用，切实提高篮球教学

---

① 李晓宇. 分层教学在高校篮球教学中的应用分析[J]. 田径，2019(01)：36-38.

水平。

二、篮球分层教学实施的基本思路

在篮球课堂上实施分层教学，首先要确定一些测试指标，依据测试结果对学生进行分层，对不同层次的合作小组加以组建，然后通过对不同层次目标的设定、依据目标分层教学、引导小组合作练习等环节开展篮球教学工作，基本思路如图 7-2 所示。

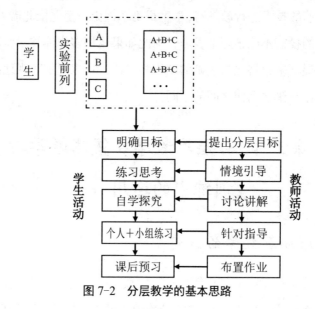

图 7-2 分层教学的基本思路

（一）学生分层

学生分层主要指的是对实验班学生的分层，教师可从学生的身体素质、学习态度及篮球技术成绩等几方面着手将学生分为 A 层、B 层和 C 层三个层次，A 层学生的特点是学习主动性高、篮球基础扎实；B 层学生的特点是学习具有主动性，篮球基本功不太扎实；C 层学生的特点是学习不自信，篮球基础薄弱。

分层主要是为了对学生的基本情况有更好的掌握，并针对不同层次学生的特点对不同的教学目标和要求进行设定，从而有序授课。分层后的小组设定主要是为了促进不同层次学生之间的互动，这样一来，教师因分层教学而顾不到全面的问题就得到了一定的解决；此外，篮球基础薄弱的学生在篮球基础扎实的学生的带动下也能够取得明显的进步。

（二）教学分层

篮球教学分层主要体现在以下几个方面。

1. 备课分层

教学分层的第一个环节是备课分层，备好课是上好课的重要保障。备课分层具体包括教学目标分层、教学内容分层、教学方法分层以及教学辅导分层等。为了更充分地备课，篮球教师需要在查阅文献、咨询专家、现场观摩分层授课等方面下一番功夫。

为了促进每个层次学生的篮球综合素质的进一步提高，在教学目标设置上不能采用传统的"一刀切"方式，而应在正确把握总体教学目标的基础上设定分层教学目标。针对上述三个层次学生提出的教学目标具体如下。

（1）A层教学目标。对教学大纲要求的篮球知识与技能能够熟练掌握，对拓展性的一些篮球知识与技能能够有所掌握，对所学篮球技战术能够熟练应用。

（2）B层教学目标。对教学大纲要求的篮球基本知识与技能能够掌握，对所学篮球技战术能够较为熟练地应用。

（3）C层教学目标。对教学大纲要求的篮球知识与技能能够基本掌握，在篮球应用上有所进步。

2. 授课分层

在整个教学分层中，授课分层是重点环节，这个部分也是最难掌控的。在篮球分层教学中，既要将教学的整体性把握好，又要将教学的层次性把握好，既要将学习能力好的学生照顾到，又要对学习基础薄弱的学生给予较高的关注。所以，教师应以篮球基础性知识与技能为起点进行授课，为了衔接好教学的整体性与层次性，应在内容递进、方法分层、难度分层等方面做好工作。

以篮球投篮为例，首先是学习基础性的投篮动作，这是三个层次的学生都需要掌握的，然后以此为基础，指导 A 层学生在不同角度练习投篮，巩固 B 层学生在选定的一两个点练习投篮，辅助 C 层学生在一个固定的位置练习投篮，在难度分层与内容分层的基础上，再引导三个层次的学生进行小组合作式投篮练习，A 层学生辅助 B 层和 C 层学生，或者 B 层学生辅助 C 层学生等，从而使各个层次的学生的投篮技术与应用水平都能得到提高。

在授课分层中，因为学生经过一定时间的学习，能力水平会有相应的变化，如 B 层和 C 层学生取得一定的进步，对于原本就进步显著的学生，原有 ABC 小组组合不变，提升学习内容的难度只是针对已经进步的 B 层或 C 层学生，从而促进这两个层次学生的篮球水平不断提升。①

3．评价分层

在学生学习评价中，为了减少评价因素对实验结果的影响，在结束教学实验后，由同一名教师采用统一标准对实验班与对照班的学生进行评价。但对实验班的学生要进行分层评价，评价结果不纳入最终教学考核成绩，它的作用主要是发挥激励的作用。评价中，以三个层次学生的基本情况为依据采用不同的标准进行评价。

（1）A 层评价。评价标准高，以促进学生对篮球知识与技能的熟练掌握。

（2）B 层评价。以学生对篮球基础知识与技能的掌握为起点，评价标准略有难度，以此来激励学生，使学生通过努力达到标准，获得成就感。

① 于建营. 高校篮球运动教学体系分析与创新研究[M]. 北京：中国商业出版社，2017.

（3）C层评价。评价标准难度较低，通过达标评价激发学生学习篮球知识与技能的积极性。

（三）实验后测

完成教学实验后，对实验班和对照班学生进行统一测试，测试内容包括学习情趣、情感与合作表现、身体素质、篮球技术等，以对教学实验效果进行分析；同时，再次对两个班级的学生开展问卷调查，将整个篮球教学实验中学生的反馈信息收集起来，为进行实验分析提供参考。

三、篮球分层教学中存在的问题

科学分层是进行篮球分层教学的重要前提之一，如果没有合理分层，教学效果就会大打折扣，甚至会有负面影响出现。在篮球分层教学实验中，虽然实验前和实验后都进行了测试，也取得了较好的教学效果，但总体上还是存在一些不足，具体表现如下。

（一）教学分层的标准和依据相对简短

分层标准和依据的不足主要体现在以下几方面。

1. 没有全面考虑教学分组测试的相关要素

在测试内容的选择上，仅仅选择了几个简单的测试内容，如身体素质、篮球技术等，对学生的个性、心理、篮球锻炼年限、参赛情况等测试要素没有充分考虑。

2. 缺少对教学实验分组理论的深入研究

以篮球技术分层教学为例，对分层的依据与标准缺乏统一的认识，在分层教学实验的实施中，只是选择了几个常见的篮球教学测试指标，对其他因素的实验研究明显不足，尤其是缺乏深入的理论研究。

为了更好地实施篮球分层教学，在篮球教学实验上还需进一步做好相关工作，在分层因素选择上要不断丰富，并不断完善分层标准和要求。

篮球教师应在教学实践中积极尝试，积累丰富的分层教学实践经验，总结出科学的理论结果，从而为篮球分层教学水平的优化与提高提供积极的指导。

（二）教师备课难度较大，上课耗费过多精力

在篮球传统教学中，篮球教师面对整个集体来备课，备课内容、教学方法、教学要求等方面都比较统一，很少考虑分层教学因素，经过长时间的教学，这种备课思维形成了习以为常的习惯，篮球教师自身掌握的篮球知识、篮球技能和具备的其他篮球素养也与其备课形成了对等关系。但在分层教学中，教师长期以来形成的备课习惯与其自身掌握的篮球知识、技能存在供需失衡的矛盾，分层教学实施中需要全面考虑备课分层、目标分层、授课分层、辅导分层、评价分层等多项内容，教师在前期要根据分层教学计划认真备课，将每一个学生的基本情况把握好，以便在分层授课时对每个层次的学生都能给予相应的关注，在分层授课中，教师也需要以不同层次学生的学习情况为依据灵活调整教学目标、教学要求和教学方法，这对教师来说，要耗费很多精力，而且课堂教学压力也比较大。因此，教师的备课习惯与篮球知识技能储备与分层教学对其提出的要求存在一定的差距，教师还需要在分层教学前期做大量的准备工作。

（三）学生小组合作的效果不理想

分层教学中设置了 ABC 小组，这是不同层次的结合，旨在培养学生的合作意识，使学生相互帮助、互相促进。但在教学过程中，有时对分层教学因素考虑过多，而没有深入思考如何在小组内建立更好的合作模式，这就导致学习小组在合作学习中不敢和不愿表达自己的见解，在这一方面，教师也没有引导好，没有明确说明 ABC 的合作方式，小组学生在合作中缺乏角色意识，这就大大影响了合作效果。

四、篮球分层教学的对策

（一）建立完善的分层标准

1. 对相关规律有深刻的把握

要深入认识篮球教学规律和学生身心发展规律，对不同特点学生的学习规律有正确的把握。青少年学生的个体差异不仅体现在身体素质、篮球技术方面，还体现在非智力因素方面，而这些差异是有规律性和自身特征的，在分层教学前期需要全面了解学生的这些特性与差异，对每个学生的基本特点有所掌握，建立学生档案，从而正确把握分层教学的大方向，同时在小方向上灵活进行动态调整，以构建与学生身心发展特点相符的篮球分层教学模式。

2. 善于从实践中总结有效的经验

现阶段，在篮球分层教学的实施过程中，同质化问题在学生分层环节上普遍存在，同一分层标准也限制了实验数据的多元性，为了对分层教学在篮球教学中产生的影响有更全面的了解，教师应打破传统思维的束缚，对学生年龄、性别、语言表达、人际关系、篮球学习能力等方面的差异都要有所掌握，要从教学实践中对能够产生积极影响作用的措施加以总结，深入分析分层教学的负面影响因素，特别是要挖掘潜在影响因素，通过个案访谈、对比分析等方式展开细致而深入的研究，从而为更好地采取分层教学模式奠定基础。

3. 对其他学科分层教学的经验加以借鉴

当前，物理、化学、英语以及体育其他项目等课程教学中都在采用分层教学法，分层教学在这些学科教学中应用的突出特点是利用学生的层次性促进学生互助合作，提升教学效果。分层教学方法在其他学科或者其他体育项目教学中应用的分层标准和依据可以被引用到篮球教学中，正确把握分层标准和依据，分析分层教学的规律，深入了解学生的基本情况，在篮球分层教学划分的依据和标准中融入有利于提升篮球教学效果的要素，充分实践，从而对教学效果进行检验。正因为学生的学习规律具有一定的共同性，所以才能在各学科之间相互参考借鉴，但每个学科都有自己的侧重点，通过对各学科差异的分析，对有利于篮球分层教学的内容加以提炼，可以使潜在不良因素造成的负面影响降到最低，提高教学效果。

（二）提高教师分层教学的综合素质

分层次教学增加了教师的备课难度，也消耗了教师太多的精力，这并不是因为教学数量增加了，而是提高了对质量的要求，教师自身的综合素质难以把好分层教学的质量关。所以，培养与提升教师分层教学的综合素质非常必要。篮球教师可以从以下几方面来锻炼与提升自己的综合素质。

1. 加强对分层教学理论知识的学习

篮球教师要系统而深入地学习关于学生生理、心理基本特征的知识，以更好地了解学生的非智力因素。教师还要学习体育学科知识和规律，增加理论知识储备，以便更好地发挥自己的组织能力，并在教学中加以创新。此外，教师要多收集一些与分层教学有关的科研论文及教育学、心理学材料，系统学习有关知识，从而使自身的综合理论基础更加扎实稳固。

2. 积极对外交流学习

篮球教师彼此之间缺乏交流互动，无法共享经验，这会直接影响篮球教学效果和整个篮球教学事业的发展。篮球教师要勇敢"走出去"，与同行及专家积极交流，集中探讨教学过程中存在的共性问题，分享自己的教学经验，集中力量对教学难点加以解决，分享交流有益的教学案例，以促进自身教学视野的拓宽、教学经验的丰富和教学能力的提高。

3．提高创新能力

篮球分层教学的实施不能死板、拘泥一格，如果用传统的办法解决分层教学中学生遇到的问题，是难以取得良好效果的。篮球教师必须要有创新思维，要在备课中预测可能出现的问题，并设计创新性的解决策略，并在教学过程中以学生的动态变化为依据及时采用相应的创新方法。

近年来，国家特别重视青少年体质健康，并在体育教学改革中提出了相关要求，出台了相应的系列政策，这都是篮球教师进行教学创新的指导纲领，教师一定要将这些政策和要求吃透，根据篮球分层教学的实际情况不断提升自己的创新能力，以使篮球教学效果得到最大程度的优化。

（三）加强对学生团队合作精神的培养

在篮球分层次教学中培养学生的团队合作精神，关键在于激励分层小组发挥团队精神和团队作用，具体方法如下。

第一，篮球教师多布置一些需要学生合作完成的学习任务，如篮球技术配合任务，通过设置团队小任务，使小组的凝聚力不断增强，进而使团队合作精神得到强化。

第二，篮球教师在了解不同层次学生特点的基础上对团队合作的契合点加以把握。不同层次的学生都有自己的优势，教师要善于发现学生的优势，促进团队内成员的优势互补，进而促使团队合作意识与能力的增强。

第三，篮球教师要尽早介入团队合作中出现的各类问题，对于团队中因情感、性格、技术等差异造成的不和谐问题，要及时采用多种方法予以解决，最大限度地降低不和谐因素。

第四，篮球教师要科学制订具有引导性和发展性的合作评价指标，以促进学生在篮球重点内容学习上形成良好的合作意识和合作行为习惯。评价指标还要有可变性，每节课教学内容不同，评级指标也不同，要灵活变化评价指标，促进学生之间的互助与合作。例如，教师在课堂上布置 3 人传接球上篮技术的练习任务，在学生经过反复几次练习后，教师客观评价学生小组合作的方式、合作的默契度及合作的效果，然后指出存在的问题和改进的建议，让学生小组在后续合作学习中更加高效地互助合作。[①]

---

① 于建营. 高校篮球运动教学体系分析与创新研究[M]. 北京：中国商业出版社，2017.

参 考 文 献

[1] 张伟，肖丰. 高校篮球运动教学理论与方法研究[M]. 北京：新华出版社，2019.

[2] 朱亚男. 高校篮球运动教学与训练研究[M]. 北京：九州出版社，2017.

[3] 贺成华，陈清，夏重华. 高校篮球运动教学与训练[M]. 北京：九州出版社，2018.

[4] 范丽霞. 现代高校篮球运动与教学研究[M]. 长春：吉林大学出版社，2018.

[5] 朱明江. 高校篮球运动教学开展的理论与实践[M]. 北京：中国水利水电出版社，2017.

[6] 余丁友. 现代篮球运动教学与训练研究[M]. 北京：冶金工业出版社，2019.

[7] 丛向辉. 高校篮球运动开展研究与教学创新[M]. 北京：中国纺织出版社，2019.

[8] 杨杨. 新形势下高校篮球运动的教学理论与实践研究[M]. 北京：九州出版社，2018.

[9] 高峰. 现代高校篮球运动及其教学实践分析[M]. 北京：中国纺织出版社，2018.

[10] 孙海勇. 篮球教学创新与系统训练研究[M]. 长春：吉林大学出版社，2019.

[11] 李勇. 高校篮球运动教学与训练发展研究[M]. 长春：吉林出版集团股份有限公司，2016.

[12] 陈杰. 篮球运动教学理论创新与实战技巧研究[M]. 北京：中国原子能出版社，2019.

[13] 乐玉忠. 校园篮球文化建设与教学创新探索[M]. 北京：中国商业出版社，2018.

[14] 刘强. 基于多维视角的高校篮球教学研究[M]. 北京：人民日报出版社，2017.

[15] 于建营. 高校篮球运动教学体系分析与创新研究[M]. 北京：中国商业出版社，2017.

[16] 卢文超. 高校篮球运动教学与战略训练[M]. 北京：九州出版社，2015.

[17] 罗君波，李政洪. 现代高校篮球运动教学的创新性研究[M]. 长春：吉林大学出版社，2016.

[18] 刘青松，段笑林，宋正华. 高校篮球运动教程[M]. 北京：中国水利水电出版社，2015.

[19] 马肇国，范朋琦，顾信文. 篮球运动训练研究[M]. 北京：现代教育出版社，2015.

[20] 洪晓彬. 篮球运动心理学研究与应用[M]. 广州：世界图书出版广东有限公司，2015.

[21] 刘云民，王恒. 篮球教学与训练[M]. 哈尔滨：哈尔滨工程大学出版社，2015.

[22] 任金锁，李昂. 高校篮球运动教学与训练研究[M]. 长春：吉林大学出版社，2012.

[23] 冯俊祥. 高校篮球运动教学训练管理研究[M]. 北京：中国书籍出版社，2013.

[24] 赵坤. 篮球教学中教学方法的选择与优化组合[J]. 体育世界（学术版），2016（12）.

[25] 毕尧. 大学篮球训练中心理训练提高途径的研究[J]. 黑龙江教育（理论与实践），2018（3）.

[26] 王力. 高校体育教学中实施拓展训练的理性思考[J]. 陕西教育（高教），2018（12）.

[27] 刘林. 关于高校篮球教学训练创新的研究[J]. 体育世界（学术版），2018（04）.

[28] 苏杭. 高校篮球公共课教学理念创新探析[J]. 黄河水利职业技术学院学报，2013，25（02）.

[29] 李蓁. 试论篮球教学方法的设计原则及有效性运用[J]. 当代体育科技，2015，5（10）.

[30] 胡兆蕊. 对高校篮球专业学生篮球战术的反思与创新[J]. 东方企业文化，2014（09）.